PENSAMENTOS
SEM
PENSADOR

PENSAMENTOS SEM PENSADOR

PSICOTERAPIA PELA
PERSPECTIVA BUDISTA

MARK EPSTEIN

Tradução:
Daniela Beccaccia Versiani

GRYPHUS

Rio de Janeiro

Partes do capítulo V foram previamente publicadas por Tricycle: The Buddhist Review sob o título "Freud and Dr. Buddha: In Search of Selflessness".
Copyright © 1995 by Mark Epstein, M.D.
"Published by arrangement with Basic Books, a member of the Perseus Book Group

Título original
Thoughts without a thinker: psychotheray from a Buddhist perspective

Tradução
Daniela Beccaccia Versiane

Revisão
Gilson B. Soares

Editoração Eletrônica
Rejane Megale

Capa
www.gabinetedeartes.com.br

Adequado ao novo acordo ortográfico da língua portuguesa

CIP-BRASIL. CATALOGAÇÃO-NA-FONTE
SINDICATO NACIONAL DOS EDITORES DE LIVROS, RJ
....
E54p
2. ed.

Epstein, Mark, 1953-
 Pensamentos sem pensador : uma perspectiva budista para a psicoterapia / Mark Epstein ; tradução Daniela Beccaccia Versiani. - 2. ed. - Rio de Janeiro : Gryphus, 2018.
 256 p. : il. ; 21 cm.

 Tradução de: Thoughts without a thinker
 Inclui bibliografia
 ISBN 978-85-8311-110-8

 1. Budismo - Psicologia. 2. Psicoterapia - Aspectos religiosos - Budismo. 3. Meditação - Budismo. I. Versiani, Daniela Beccaccia. II. Título.

18-47897   CDD: 616.89140882943
               CDU: 615.851:24-1
....

GRYPHUS EDITORA
Rua Major Rubens Vaz 456 — Gávea — 22470-070
Rio de Janeiro — RJ — Tel.: (0XX21) 2533-2508 / 2533-0952
www.gryphus.com.br — e-mail: gryphus@gryphus.com.br

A Arlene

Pirandello colocou essa questão de um modo um tanto diferente no título de uma peça – Seis Personagens à Procura de um Autor. *Mas por que parar por aí? Por que não haveria de ser algo ainda menor, mais fragmentário do que isso? Um pensamento perambulando atrás de um pensador onde se alojar, algum pensador onde se abrigar.*

– W. R. Bion

SUMÁRIO

Prefácio – Dalai Lama 11
Prefácio 13
Agradecimentos 21
Introdução: Batendo à Porta de Buda 25

PRIMEIRA PARTE
A PSICOLOGIA BUDISTA DA MENTE

Capítulo I   A Roda da Vida: O Modelo Budista para a Mente Neurótica. 39
Capítulo II   Humilhação: A Primeira Verdade de Buda 65
Capítulo III   Ânsia: A Segunda Verdade de Buda 81
Capítulo IV   Libertação: A Terceira Verdade de Buda.......... 97
Capítulo V   Erguer-se em Lugar Nenhum: A Quarta Verdade de Buda. 111

SEGUNDA PARTE
MEDITAÇÃO

Capítulo VI   Atenção Simples. 131
Capítulo VII   A Psicodinâmica da Meditação. 151

TERCEIRA PARTE
TERAPIA

Capítulo VIII   Recordar 185
Capítulo IX   Repetir. 203
Capítulo X   Elaborar. 225

Notas 245

PREFÁCIO DE DALAI LAMA

O propósito da vida é a felicidade. Sendo budista, acredito que a atitude mental de cada um de nós é o fator que mais contribui para que possamos alcançar esse objetivo. Para transformarmos as condições exteriores – o ambiente em que vivemos ou as nossas relações com os outros – devemos antes mudar a nós mesmos. Paz interior: este é o segredo. Com este estado mental podemos enfrentar as dificuldades com calma e sensatez, enquanto dentro de nós reina a felicidade. Os ensinamentos budistas a respeito do amor, da bondade e da tolerância, o compromisso com a não-violência, a teoria de que todas as coisas são relativas, assim como a variedade de técnicas para tranquilizar a mente, são fontes onde podemos buscar essa paz interior.

Recentemente, psicoterapeutas com conhecimentos profundos sobre ciência e medicina começaram a explorar as possibilidades do uso das técnicas budistas em um contexto terapêutico. Na minha opinião, este procedimento é inteiramente compatível com o propósito de superarmos o sofrimento e aumentarmos o bem-estar de todos os seres conscientes. Viver a experiência da meditação budista proporciona aos seus praticantes um profundo conhecimento do funcionamento e da natureza da mente, o conhecimento interno que complementa o entendimento do mundo físico. Sozinho, nenhum desenvolvimento tecnológico é capaz de nos conduzir à felicidade plena. O que quase sempre se perde é o desenvolvimento interior correspondente. Este é um terreno onde há claros indícios de que as afirmações budistas e as modernas descobertas têm muito a oferecer umas às outras.

Sinto-me estimulado ao presenciar os avanços dessa aproximação. Parabenizo Mark Epstein pela conclusão deste livro, resultado de uma experiência de vinte anos em psicoterapia ocidental e meditação budista. Além de propiciar o surgimento de *insights* úteis aos terapeutas, Pensamentos *sem* Pensador é um estímulo para que se realizem estudos mais profundos nesta área e para que passe a existir uma cooperação maior entre terapeutas e seguidores do caminho da meditação.

Dezembro de 1994

PREFÁCIO

Recentemente, ao visitar uma amiga artista, espiei um desenho em sua sala de jantar que imediatamente chamou minha atenção. Havia sido feito pela mão de uma criança e retratava um guarda, com a postura ereta, que, sobre a cabeça, usava um chapéu cilíndrico que contava com três botões na vertical na parte da frente. Inspirada por fotos de sentinelas no Palácio de Buckingham, minha amiga o havia desenhado quando tinha apenas cinco ou seis anos de idade.

— É Deus — ela me disse. — Quando era pequena, escutei a palavra *"God*"* e pensei que as pessoas estivessem dizendo *"guard**"*. Queria saber como era a imagem de Deus.

Adorei a confluência das palavras *god* e *guard*. Quando fiz uma exclamação a respeito disso, ela me disse que sua mãe nunca havia lhe perguntado sobre o retrato.

— Minha mãe era assim — riu. — Nunca passaria pela cabeça dela conversar comigo sobre meus desenhos, nem sobre nenhuma outra coisa em que eu estivesse pensando, a propósito.

Fui atingido pelo tom de voz despreocupado dela. Para mim, a falta de interesse da mãe soava dolorosa: um exemplo da falta de espelhamento ou sincronia contra a qual muitas pessoas passam a vida lutando. Mas minha amiga não parecia amargurada; parecia sentir afeição genuína pela mãe e ter perdoado suas pequenas falhas. Olhei com mais atenção para o desenho, na esperança de encontrar alguma pista a respeito da saúde emocional dela.

---

* N. T.: Em inglês, "Deus".
** N. T.: Em inglês, "guarda".

Para minha surpresa, *havia* uma pista. Ao redor do guarda, não havia apenas um, mas três telefones. Um grande na parede, logo atrás dele — da espécie que vigias têm em suas cabines —, um antigo na frente, sobre um banquinho à esquerda do guarda, e um terceiro pairando à distância. Deus era um guarda cercado de telefones. Talvez minha amiga estivesse desenhando um retrato das barreiras que teve que erigir face à má sincronização com a mãe, pensei — de sua própria ausência de quem a protegesse. Os telefones na periferia eram símbolos da comunicação e compreensão que lhe faltavam.

Mas também havia outra possibilidade, uma que veio à minha cabeça enquanto observava o retrato. Talvez o desenho da minha amiga fosse uma representação, não só do problema mas também da solução. Se sua mãe não tinha a capacidade de sintonizar-se e lhe responder da forma como precisava, talvez Deus tivesse. Deus a estava protegendo, e os telefones eram símbolos de sua disponibilidade. O poder da minha amiga de conjurá-lo, de desenhá-lo, era um sinal de sua habilidade emergente de ir além do trauma de infância e um indicador de seu futuro como artista. Ao imaginar um Deus que atenderia suas ligações, ela estava mantendo aberto um canal alternativo de comunicação que a protegeria por toda a vida.

O desenho da minha amiga me fez pensar no pediatra e analista infantil britânico D. W. Winnicott (1896 - 1971) e na compreensão gigantesca, apesar de frequentemente negligenciada, que havia conquistado após anos de trabalho clínico. Embora Winnicott não houvesse demonstrado nenhum interesse pelo Budismo, nem qualquer conhecimento sobre o assunto, seu trabalho fora de grande influência para o meu pensamento. Nas descrições acerca dos desafios enfrentados por crianças e pais enquanto negociam o processo de desenvolvimento, ele havia expressado muitas das principais ideias de Buda. Seu trabalho havia me ajudado a traduzir o pensamento de Buda para a linguagem psicológica de nosso tempo.

Apesar de Winnicott ter escrito extensivamente sobre a importância da sincronia entre mãe e filho, ele também havia chegado a uma compreensão profunda de como é vital que uma mãe consiga decepcionar o filho. Pais devem estar dispostos a desapontar, acreditava, porque a decepção, como também disse Buda, é inevitável. Ao fazer isso, ao desapontar um filho, ao ser verdadeiro quanto à incapacidade das pessoas de suprir todas as necessidades de seus filhos, pais decepcionantes levam seus filhos em direção a uma capacidade de lidar com a vida cotidiana. Em um de seus últimos artigos, Winnicott escreveu de forma comovente sobre como uma raiva primitiva dos filhos voltada para as imperfeições dos pais pode se transformar em empatia. O ingrediente crítico para esta transformação é a habilidade dos pais de não encarar a raiva dos filhos de forma pessoal, uma ideia budista, se é que já existiu alguma.

Se tudo correr bem, no começo a criança é levada a acreditar que sua mãe é extensão de si mesmo, surgindo magicamente para amenizar todas as suas necessidades. Com o tempo, esta perfeição começa a ser atacada. Nenhum pai ou mãe consegue manter esta crença para sempre. Há dificuldades inerentes ao relacionamento, e o filho gradualmente começa a perceber que os pais são pessoas diversas, com suas próprias limitações. Quando os pais são "bons o bastante", na linguagem de Winnicott, a raiva do filho (e/ou a resposta dos pais) não desestabiliza demais o relacionamento. A criança começa a perceber que seus pais não são destruídos por sua indignação, que seus pais sobrevivem, e ela começa a desenvolver sentimentos atenciosos por eles enquanto indivíduos — mesmo que separados dela mesma. Estes sentimentos atenciosos não anulam os raivosos, mas os mitigam. Apreço e frustração começam a coexistir.

O desenho da minha amiga do deus/guarda parecia englobar a tese de Winnicott. Ela foi capaz de fazer algo criativo com a falta de sincronia da mãe em vez de apenas ficar perturbada com aquilo. Isso não havia se tornado um ponto de tensão, a última palavra em um relacionamento carregado, mas em vez disso a havia lançado como uma artista. Ela havia pegado a frustração e feito algo com aquilo. Mesmo ainda jovem, já estava deixando para trás a insistência com a perfeição, de uma forma que o biógrafo de Winnicott, Adam Philips, havia descrito como uma infinita "necessidade de compreender e ser compreendido"*. Como Phillips deixa claro, a demanda implacável de tornar relacionamentos infalíveis espreme deles a vida. Quanto a esta visão, a psicanálise e o Budismo são da mesma espécie. Como Buda articulou na primeira de suas Quatro Nobres Verdades, há traumas no coração da existência.Tentar remediá-los através da compreensão da infância de alguém, como se ao compreendê-los fosse possível fazê-los desaparecer, não é o que Freud ou Buda recomendavam. A psicanálise, Phillips diz, ajuda a dar sentido à história de alguém, mas ao mesmo tempo é "melhor lida como uma longa elegia para a inteligibilidade de nossas vidas"**.

Ver o desenho da minha amiga me trouxe à mente outro desenho que havia visto recentemente. Eu estava no Japan Society, numa exibição das caligrafias de um famoso mestre Zen do século XVIII, chamado Hakuin. Ele era velho quando havia feito aquele desenho, mas continha mais do que uma semelhança passageira com a obra de arte de infância da minha amiga. Hakuin, que havia vivido de 1686 a 1768, não havia começado a fazer arte até o momento de sua iluminação, com sessenta anos de idade. Era uma figura importantíssima na história do Zen Budismo, recebia o crédito de ter ressuscitado a escola Rinzai de Zen e era conhecido pela forma como era capaz de utilizar *koans*, charadas que não podiam ser resolvidas pelo pensamento lógico, para abrir a mente das pessoas. Entre os sessenta e oitenta anos de idade, após mais de quarenta anos de prática Zen, havia começado a pintar, criando caligrafias brincalhonas e poéticas que telegrafavam a essência do pensamento Zen. Agora, é reconhecido como um dos maiores artistas do Japão, assim como um dos mais talentosos professores budistas.

---

* N. A.: Adam Philips, *Missing Out: In Praise of the Unlived Life* (Londres: Hamish Hamilton, 2012), p. 62 (tradução livre).
** N. A.: Ibid., p. 63 (tradução livre).

A pintura que estava lembrando era de um macaco e um cuco. O macaco estava em primeiro plano, como o guarda do desenho da minha amiga, mas em vez de estar com a postura ereta, estava agachado e com as mãos sobre os ouvidos. O cuco estava no plano de trás, como os telefones no desenho do guarda, voando através do campo visual com o bico aberto, cantando. O macaco agachado, há tempos um símbolo no mundo budista da mente pensante não treinada, estava claramente estressado. No seu rosto, havia uma expressão de dor; estava se concentrando em alguma coisa ou tentando com muita força manter algo dentro ou fora da mente. Se o telefone estivesse tocando, não seria capaz de escutá-lo. Como a mente não desenvolvida, o macaco metafórico estava sempre em movimento, pulando de uma tentativa de autossatisfação para outra, de um pensamento para outro. A "mente de macaco" é algo sobre o que as pessoas que começam a meditar adquirem uma compreensão imediata ao começarem a se sincronizar com a natureza incansável de suas próprias psiques, com o falatório incessante e, na maior parte, improdutivo dos próprios pensamentos.

O cuco, que na cultura japonesa simboliza a chegada do verão, representa toda essa calma, relaxamento, calor e luz associados aos prazeres desta estação. Há uma tradição no Japão entre casais jovens de se manterem acordados até tarde da noite nas zonas rurais para tentarem escutar o primeiro canto do cuco enquanto o clima esquenta. O primeiro som, como a primeira mordida de uma refeição deliciosa ou o primeiro gole de uma xícara de chá, tem uma essência estimada pela estética japonesa, um imediatismo livre de pensamentos ponderados. O cuco, diferentemente da maior parte dos outros pássaros, canta enquanto está voando, logo a pintura de Hakuin do pássaro voando pelo céu com o bico aberto tem o som implícito de sua música associada a ela, uma música que o macaco dificilmente escutaria, mesmo enquanto o cuco voava por cima dele.

Hakuin escreveu um poema caligráfico para acompanhar a pintura. Traduzida, dizia,

"*Mesmo quando não estiver escutando,
Levante uma mão—
O cuco*".

Hakuin foi o criador do famoso *koan* Zen, "Qual é o som de uma mão aplaudindo?", ou, na forma como Hakuin colocava, "Qual é o som de uma mão?" O *koan* Zen tem o objetivo de induzir uma compreensão intuitiva da sabedoria de Buda. Ele rodeia a espécie deliberada e obsessiva de pensamento que o macaco representa. Uma mão aplaudindo não produz nenhum som óbvio; o *koan* transmite uma sensação de vazio infundida de compaixão — o silêncio engajado — no coração do despertar do Buda. A pintura torna isto explícito. O macaco agachado com as mãos sobre as orelhas é a imagem perfeita de um pensador paralisado pelos próprios pensamentos, incapaz de perceber os sons de liberação por toda a sua volta.

Quando vi pela primeira vez o desenho e li a inscrição de Hakuin, pensei ter compreendido sua intenção. "Mesmo quando não estiver escutando, levante uma mão!" Pensei nas minhas próprias meditações, em como o simples ato de dar atenção aos sons do mundo natural ao meu redor enfrentavam a opressão de meus pensamentos repetitivos. "Liberte-se dos punhos de sua mente de macaco. Abra os ouvidos para escutar o som do cuco. Ele está lá, mesmo quando você não está escutando", imaginei Hakuin dizendo. "Apenas levante a mão de sua orelha por um momento. Então você vai entender". A justaposição do macaco preocupado com a delicadeza crescente do canto do cuco tinha uma pungência que associei ao despertar do Buda. Ele também havia enxergado o tecido fundamental das coisas além de sua mente reativa. Havia levantado uma mão e escutado o chamado do mundo das relações.

Não muito tempo após ver a exibição no Japan Society, descrevi minha interpretação do *koan* para outro amigo, o acadêmico e professor budista Robert A. F. Thurman da Universidade de Columbia. Ele não contestou minha análise diretamente, mas tinha mais um pensamento a respeito do desenho:

— O que as pessoas fazem quando estão se afogando? — me perguntou. Não consegui formular uma resposta propriamente dita, então ele completou com a que estava procurando. — Elas levantam uma mão — disse. O professor Thurman estava colocando outro desfecho na mensagem budista. Na visão dele, Hakuin estava lembrando as pessoas da gentileza benevolente dos *bodhisattvas*, aqueles seres que já haviam acordado para suas naturezas relacionais e permaneciam no mundo cotidiano. De acordo com alguns crentes, as energias destes seres estão à disposição mesmo quando alguém está em meio ao próprio sofrimento — este alguém precisa apenas pedi-las. Como o deus da infância da minha amiga, que estava parado em meio a três telefones, os *bodhisattvas* despertos estão flutuando pelo universo, esperando por nossas chamadas. De acordo com a lógica budista, embora já tenham se libertado das chamas do apego exagerado, eles se mantinham disponíveis para servir aos outros. Entendendo-se como seres puramente relacionais e livres das próprias ânsias subjetivas, encontram sentido ao se tornarem acessíveis a outros.

Estes *bodhisattvas* podem ser personificados como seres externos, ou podem representar a natureza de Buda já presente dentro de nós. O *bodhisattva* mais famoso da Ásia é conhecido de várias maneiras como Kuan Yin ou Avalokiteshvara. Kuan Yin, popular na China, é a figura feminina cujo nome significa "conhecedor" ou "observador" de sons. Avalokiteshvara, "o Senhor que olha para baixo", é uma entidade masculina que ganhou proeminência na Índia e no Tibete como uma representação da compaixão de Buda. Kuan Yin é pensada como "aquela que escuta nossos prantos", e é alguém que responde com a simpatia de uma mãe a nossos problemas. Avalokiteshvara é exposto com mil braços para representar sua habilidade de salvar todos os seres: tem mãos suficientes para todos. Seus braços são como os três telefones no desenho de infância da minha amiga: eles lhe permitem que atenda múltiplas chamadas, que estenda os braços para baixo e agarre mais que uma pessoa se afogando ao mesmo tempo. De acordo com esta leitura das imagens, Hakuin está dizendo algo bastante específico. Se pudermos reconhecer a verdade de nossos sofrimentos, estaremos espontaneamente nos abrindo. Estaremos levantando a mão como uma pessoa se afogando e criando a possibilidade de recebermos ajuda. Os *bodhisattvas*, como o cuco, já estão lá, basta pedir.

Por mais que apreciasse esta interpretação e por mais conforto que pudesse retirar da ideia de *bodhisattvas* iluminados escutando meus prantos, a noção da natureza de Buda habitando dentro de mim me trazia a maior esperança. Isto é algo que tenho tentado trazer para meu trabalho enquanto psicoterapeuta. Os *bodhisattvas* compassivamente atentos podem então serem colocados como metáforas para a postura benevolente da perspectiva budista, já acessível em cada um de nós. Para mim, esta é a mensagem que Hakuin quer que escutemos, a mesma que minha amiga estava procurando no desenho do guarda. Ao levantarmos uma mão e sermos verdadeiros com nós mesmos, podemos aprender a observar com amabilidade. A psicoterapia é um terreno perfeito para isso. A sabedoria do Buda e os conhecimentos da psicanálise, como o guarda no desenho da minha amiga, estão lá para atender nossas chamadas.

AGRADECIMENTOS

Ao concluir este livro, fiquei impressionado com o número de professores que nada tinham a ver com a minha formação ou preparação ortodoxa. E isto vem de alguém que passou boa parte da vida dentro de algum tipo de estabelecimento de ensino. Devo creditar a estas instituições a oportunidade e a energia que sempre recebi para ir além das fronteiras convencionais. Agradeço a apenas uma fração daqueles que representaram muito para mim, aqueles que mais diretamente contribuíram para a realização deste livro.

Por sua bondade, generosidade e infinita sabedoria, quero agradecer ao falecido Isadore From, que me orientou pacientemente em meus primeiros anos como psicoterapeuta. Gostaria que ele ainda estivesse aqui. Por suas instruções sobre a meditação, orientações e exemplos de vida, tenho a honra de agradecer a Jack Kornfield e Joseph Goldstein. Por seus ensinamentos, incentivo e pelas conversas que tivemos ao longo desses vinte anos, todas presentes neste livro, devo muito a Daniel Goleman. Sou grato a Emmanuel Ghent, Michael Eigen e Gerald Fogel pela influência que tiveram sobre mim, revelando-me a vida que ainda floresce dentro da psicanálise. E ainda a Helen Tworkov, Jack Engler, Stuart Margulies, Mark Finn, Karen Hopenwasser, Bob e Nena Thurman, Richard Barsky, Anne Edelstein, Scott Martino e minha editora, Jo Ann Miller, que se juntaram aos meus esforços em reunir dois mundos não raro tão distintos quanto o Budismo e a psicoterapia. A Arlene, Sonia, Will e toda minha família, que me proporcionaram a tranquilidade necessária para que eu pudesse completar este projeto, e aos meus pacientes, que me inspiraram com sua franqueza, honestidade e senso de humor. Gostaria de agradecer a cada um deles, mas devo me conter.

Meus pacientes partilharam generosamente suas vidas comigo e forneceram o material que permitiu a realização deste livro. Para preservar a sua privacidade, em todos os casos aqui citados, adotei pseudônimos ou modifiquei seus nomes, assim como outros detalhes que pudessem identificá-los.

PENSAMENTOS SEM PENSADOR

INTRODUÇÃO

BATENDO À PORTA DE BUDA

A pergunta que me fazem com mais frequência diz respeito à maneira pela qual o Budismo me influenciou como terapeuta, e como eu o integrei ao meu trabalho. Esta é uma pergunta surpreendente, já que o meu propósito inicial não era o de me tornar um "psicoterapeuta budista". Eu procurava o conhecimento de ambos os sistemas, oriental e ocidental, simultaneamente. Conheci meus primeiros mestres de meditação praticamente na mesma época em que iniciei meus estudos sobre a teoria freudiana. Ainda estudante de medicina, viajei para a Índia e sudeste da Ásia e passei semanas em retiro silencioso antes de atender o meu primeiro paciente de terapia. Não recebi um ensinamento formal que me preparasse para integrar esses dois conhecimentos e não tive muita escolha quanto a esta questão. Bem de acordo com a natureza extremamente individual da meditação e da psicoterapia, minhas tentativas de conseguir a integração entre os dois sistemas foram, acima de tudo, pessoais.

Esse caminho está longe daquele imaginado pelo grande psicólogo William James. Impressionado com a sua sofisticação psicológica, James previu que o Budismo exerceria uma grande influência sobre a psicologia do Ocidente. Um episódio ocorrido com ele serve de ponto de partida para este livro.

No princípio deste século, durante uma conferência na Universidade de Harvard, James interrompeu seu discurso ao reconhecer em meio ao público assistente um monge budista vindo do Sri Lanka: – Sente-se em minha cadeira – teria dito o psicólogo – o senhor está melhor preparado do que eu para discorrer sobre a Psicologia. O Budismo é a psicologia que todos estarão estudando daqui a vinte e cinco anos."[1] James foi um dos primeiros a compreender a dimensão psicológica do pensamento budista, mas seu sucesso como adivinho nunca se comparou àquele obtido como psicólogo. Vários anos antes, em Viena, Freud publicara *The Interpretation of Dreams (A Interpretação dos Sonhos)*, e seria a psicologia freudiana, e não o Budismo, que viria a exercer um grande impacto no Ocidente ao longo das décadas que se seguiram.

À época da conferência de James, a filosofia oriental apenas começava a exercer sua influência sobre os psicólogos ocidentais. Nos círculos psicanalíticos, o interesse pelo pensamento oriental era comum. Muitos dos colegas e primeiros seguidores de Freud (entre eles Ernest Jones, Otto Rank, Sandor Ferenczi, Franz Alexander, Lou Andreas-Salomé e Carl Jung) estavam familiarizados com as ideias do misticismo oriental e procuravam debatê-las a partir da perspectiva psicanalítica. O poeta e escritor francês Romain Rolland, devoto seguidor dos mestres hindus Ramakrishna e Vivekananda, manteve com seu amigo Freud uma vigorosa correspondência a respeito de suas experiências meditativas, como aquelas amplamente descritas em *Civilization and Its Discontents* (O *Mal-Estar na Civilização)*. Ainda que um tanto cético, Freud ficou fascinado com os relatos de Rolland e se esforçou para aplicar *seu* entendimento psicanalítico às experiências descritas pelo amigo. Em 1930, Freud escreveu:

> Com a sua orientação, devo penetrar a selva indiana da qual até agora me mantive afastado devido à incerta combinação de amor helênico pela proporção, sobriedade judaica e temor filisteu. Eu já deveria tê-la enfrentado, pois as plantas deste solo não me são estranhas; escavei até uma profundidade atrás de suas raízes. Mas não é fácil ultrapassar os limites de nossa própria natureza.[2]

Compartilhando com Freud dessas três características – "amor à proporção, sobriedade judaica e temor filisteu" –, posso garantir que nenhuma delas é capaz de impedir a compreensão do enfoque budista. O próprio Freud, mesmo hesitante, deu o melhor de si tentando penetrar a selva indiana. Sob a influência de Rolland, Freud descreveu o "sentimento oceânico" como a experiência mística prototípica: uma sensação de unidade ilimitada e infinita com o universo, que busca a "restauração do narcisismo sem limite" e a "ressurreição do desamparo infantil."[3] Esta comparação da experiência meditativa com o retorno ao seio ou útero tem-se mantido praticamente incontestada, dentro da comunidade psicanalítica, desde o comentário de Freud. Embora esta afirmação de fato encerre parte da verdade, ela não leva em consideração os métodos investigativos ou analíticos característicos do Budismo, muito semelhantes à abordagem psicodinâmica. Enquanto James abria as portas da Psicologia para as importantes contribuições do enfoque budista, Freud as fechou de modo eficaz. Esta atitude não nasceu do desinteresse de Freud em aplicar a investigação psicanalítica aos variados estados meditativos, mas de um desconhecimento básico a respeito daquilo de que a meditação budista realmente trata.

James compreendeu algo que as gerações seguintes de ensaístas mais influenciados pela psicanálise não compreenderam: a dimensão essencialmente *psicológica* da experiência espiritual budista. Longe de representar um refúgio místico contra as complexidades das experiências mentais e emocionais, o enfoque budista exige que a psique *como um todo* esteja subordinada à consciência meditativa. É neste ponto que as afinidades com aquilo que viria a se chamar "psicoterapia" se tornam óbvias, A meditação não é a negação do mundo; a desaceleração que a meditação exige está a serviço de um exame mais detalhado dos processos mentais cotidianos. Este exame é, por definição, psicológico. Seu objetivo é questionar a verdadeira natureza do eu e acabar com a produção de sofrimento psíquico gerado pela própria pessoa. É isto que várias correntes da psicoterapia têm procurado alcançar de forma independente, muitas vezes sem se beneficiar da metodologia dos psicólogos budistas da mente. Enquanto o Budismo foi visto como uma busca mística ou transcendental, como um exotismo oriental incompreensível ao psiquismo ocidental, como uma busca espiritual de pouca importância para os nossos complicados apegos neuróticos, pôde ser mantido separado da psicologia tradicional, e seus conceitos puderam ser relegados às prateleiras esotéricas, sob o título de "filosofia oriental." No entanto, o Budismo tem algo de essencial a ensinar aos psicoterapeutas contemporâneos, pois há muito vem aperfeiçoando uma técnica de confrontação e erradicação do narcisismo humano – um propósito que apenas recentemente a psicoterapia ocidental começou a contemplar.

A partir dos últimos anos da década de 60 e ao longo da década de 70, o pensamento oriental tem-se insinuado lentamente na consciência psicológica do Ocidente. Alimentada pelo rompimento de Jung com Freud, pela adesão dos poetas *beat* ao Zen, nos anos 50, e pela ligação entre psicodelia e misticismo oriental, que a contra-cultura promove nos anos 60, a dimensão psicológica do pensamento oriental tem sido rotulada "alternativa" desde as suas primeiras incursões no Ocidente. A influência do pensamento oriental pode ser vista no trabalho do psicólogo Abraham Maslow e no desenvolvimento da vertente humanística da psicologia moderna. Além disso, muitos dentre os psicanalistas pioneiros (notadamente, Eric Fromm e Karen Horney) se sentiram atraídos pelo pensamento budista tardiamente em suas carreiras. Contudo, os universos do pensamento oriental e a corrente principal da psicanálise ocidental se mantiveram extraordinariamente isolados um do outro, ao longo dos anos. Embora os conceitos de Freud passassem a predominar, assumindo definitivamente o controle da linguagem da Psicologia, e a Psicanálise continuasse a avançar como um fórum para a investigação da natureza da experiência psicológica, aparentemente nenhum dos divulgadores modernos do Budismo no Ocidente – fossem eles tradutores, autores ou professores – demonstraram possuir o domínio da linguagem da Psicanálise. Ao apresentar o ponto de vista oriental, geralmente ficavam excluídos do campo de interesse da psicoterapia psicodinâmica, permitindo que 'os psicoterapeutas mais modernos continuassem a ignorá-la.

Enriquecidos pelas primeiras contribuições de James, Jung, Aldous Huxley, Alan Watts, Thomas Merton e Joseph Campbell, os amplos contornos do pensamento asiático foram delineados para a mente ocidental. Ao enfatizar a universalidade da "consciência cósmica", ou o misticismo de todas as religiões, eles fizeram muito para popularizar a ideia de "filosofia perene", comum a todas as tradições espirituais. Estes primeiros exploradores do pensamento oriental reconheceram a natureza psicológica única dos textos budistas que estavam à sua disposição, mas com frequência lhes passavam desapercebidas as diferenças entre o enfoque budista e os outros. Tendiam, também, a minimizar as técnicas especificamente budistas de investigação analítica da natureza do eu, tão importantes para os terapeutas atuais. Eram generalistas que sintetizavam um grande número de informações díspares, traduzindo-as de forma necessariamente simplificada, para que pudessem ser digeridas por leitores para os quais tudo era novidade. Contudo, dentre os primeiros tradutores, poucos possuíam amplo treinamento nas práticas da meditação que distinguem o Budismo de outros métodos orientais; e embora respeitassem a lucidez psicológica dos ensinamentos budistas, sua inexperiência em relação à psicoterapia clínica e à meditação budista intensiva impediu o desenvolvimento de uma eficaz integração entre as duas.

Enquanto isso, com o passar dos anos, a psicoterapia cresceu e se sofisticou e suas semelhanças com o pensamento budista se tornaram cada vez mais evidentes. No momento em que a conduta terapêutica deslocava sua atenção dos conflitos gerados pelos impulsos agressivos e sexuais, por exemplo, para uma preocupação maior para com o desconforto dos pacientes consigo mesmos – porque, basicamente, não sabem quem são –, a questão do eu surgiu como o ponto em comum entre o Budismo e a Psicanálise. Embora a tradição ocidental se aprimorasse em descrever o que se convencionou chamar de "dilema narcisista" – a sensação de inautenticidade e vazio que impele as pessoas ora a idealizar ora a desvalorizar a si próprias e aos outros –, a aplicabilidade do método psicanalítico a tais problemas continuou gerando muitas controvérsias. De fato, os terapeutas ocidentais estão na peculiar situação de terem identificado uma abundante fonte de angústia neurótica sem terem desenvolvido um tratamento eficaz para ela. Ao atingir este ponto, muitos no campo da psicologia compreenderam, finalmente, as afirmações de James, e puderam erguer os olhos para os ensinamentos psicológicos de Buda.

A psicologia budista, não obstante, faz dessa profunda sensação de confusão da identidade o seu ponto de partida e, indo além, afirma que todos os esforços para atingirmos a sensatez, a certeza e a segurança estão destinados, em última instância, ao fracasso. Não apenas descreve a luta para encontrar o "verdadeiro eu" em termos que impressionaram os psicólogos do Ocidente durante décadas (alguns dos participantes do grupo de Freud estudaram os recém traduzidos textos budistas, interessados pelos conceitos que traziam sopre o narcisismo), mas também oferece um método de investigação analítica que não está disponível na tradição ocidental. Na perspectiva budista, a meditação é insubstituível para libertar o indivíduo da angústia neurótica. A psicoterapia pode ser igualmente necessária, especialmente para expor e reduzir os conflitos eróticos ou agressivos, mas o diálogo psicoterápico sempre se depara com o problema do eu inquieto e inseguro. A psicoterapia é capaz de identificar esse problema, trazê-lo à tona, apontar algumas das carências da infância que contribuíram para o seu desenvolvimento e ajudar a diminuir a intensidade com que os conflitos eróticos e agressivos atrapalham a busca pela satisfação do eu, mas não tem sido capaz de conceder a liberdade a partir de um anseio narcisista.

Freud mostrou sinais de reconhecimento dessa deficiência já no fim da vida, em seu ensaio "Analysis Terminable or Interminable" ("Análise terminável ou interminável")[4] e gerações de terapeutas e pacientes acabaram por verificar, assim como ele, o relativo alívio que a psicoterapia tem a oferecer. O

Budismo promete claramente mais, e, devido a esta promessa, captou a atenção dos psicoterapeutas, orgulhosos que estavam pela "descoberta" do narcisismo. Este livro representa o resultado de meu esforço para conciliar os ensinamentos de Buda com os conceitos da psicologia ocidental, as duas influências principais em meu desenvolvimento pessoal.

As pessoas se sentem atraídas pelo Budismo, mas ele continua enigmático. Percebem que tem algo a lhes dizer, ainda que sintam alguma dificuldade em decodificar sua mensagem em uma forma aplicável ao seu cotidiano. Visto como coisa exótica, estranha e distante, o Budismo continua inexplorado em toda sua potencialidade, e a sua mensagem ainda não foi totalmente assimilada. A situação é análoga àquela da China de dois mil anos atrás, quando o Taoísmo era a filosofia predominante e o Budismo começava a ser introduzido. Coube àqueles eruditos taoístas, que também se especializaram em meditação budista, realizar o processo de "sinificação" do Budismo, produzindo um novo híbrido – o Budismo chinês ou Zen. Na nossa cultura, seria a linguagem psicanalítica desenvolvida por Freud – e cuidadosamente cultivada por gerações de psicoterapeutas ao longo do último século – que viria a se infiltrar na consciência da população em geral. É nesta linguagem que os *insights* de Buda devem ser apresentados aos ocidentais.

Com isso em mente, organizei este livro em três partes, intituladas, respectivamente, "A Psicologia Budista da Mente", "Meditação" e "Terapia". A primeira apresenta os ensinamentos psicológicos de Buda por meio da linguagem da psicodinâmica ocidental. Desta forma, espero ajudar àqueles que estejam trilhando os caminhos da Psicologia e da Psicoterapia, e àqueles que, apesar de atraídos pela filosofia budista ou pela meditação, tenham apenas uma vaga noção da base conceitual do Budismo. A primeira parte serve de orientação para a perspectiva budista, já que nós, ocidentais, temos produzido um sem-número de equívocos a respeito dos ensinamentos fundamentais de Buda. Ocupados com as ideias derivadas da teoria freudiana e debatendo-se com questões psicológicas que ainda não foram completamente solucionadas – nem ao menos discutidas –, os ocidentais iniciam a prática da meditação e dela logo se afastam, desviados por seus conflitos, desejos e confusão. Descrevendo a psicologia de Buda na linguagem psicológica ocidental, espero combater essa lamentável tendência.

A segunda parte – "Meditação" – explica a estratégia budista básica: a *atenção simples*, e mostra de que maneira o caminho da meditação pode ser compreendido em termos psicodinâmicos. Ao apresentar os fundamentos psicológicos do método tradicional, espero demonstrar a relevância dessas antigas técnicas para o psiquismo ocidental. As técnicas meditativas da atenção simples, concentração, conscientização e investigação analítica abordam temas que interessam à vanguarda da psicodinâmica contemporânea; não se destinam a desvendar nenhum mistério sobrenatural. Ao mostrar como essas experiências meditativas podem ser compreendidas em termos psicológicos, espero tornar claro o potencial que revelam ter quando aplicadas em conjunto com as tradicionais psicoterapias do Ocidente.

A terceira parte – "Terapia" – toma como modelo o tratado de Freud sobre as técnicas psicoterapêuticas, "Remembering, Repeating and Working Through" ("Recordar, Repetir e Elaborar"), para fazer uma reflexão sobre o modo como os ensinamentos de Buda podem se somar ao exercício da psicoterapia. Estes capítulos nasceram da minha experiência pessoal como praticante de meditação, paciente e psicoterapeuta, experiência esta que me levou a concluir que o Budismo e a Psicoterapia pertencem a dois universos não tão distintos. Descobri o Budismo quando ainda era um estudante de psiquiatria e comecei a dedicar-me à meditação antes mesmo de submeter-me à psicoterapia ou de exercê-la. De fato, tive o meu primeiro contato com o Budismo nas salas de aula da Universidade de Harvard, no prédio da Faculdade de Psicologia – chamado William James Hall – onde, cinquenta anos depois, as previsões de James começaram a se tornar realidade. Nesta terceira parte, tento demonstrar como a prática do Budismo permeou o meu trabalho clínico, como os ensinamentos de Buda podem complementar, inspirar e estimular de modo eficaz a prática da psicoterapia contemporânea e como muitos dos mais importantes psicoterapeutas clínicos têm estado, sem saber, batendo à porta de Buda.

Comecei a minha argumentação falando sobre algo que sempre me impressionou muito no Budismo: sua perspicaz e abrangente visão a respeito da psique humana. Pois o Budismo, assim como as tradições ocidentais que o sucederam séculos depois, é, em sua forma psicológica, a psicologia da *profundidade*. O Budismo é capaz de descrever, em termos que deixariam qualquer psicanalista orgulhoso, a enorme variedade de experiências emocionais humanas. Embora não tenha podido vivenciar nenhum dos três caminhos definidos por Freud – "amor à proporção, sobriedade judaica e temor filisteu" –, Buda bem poderia ser o psicanalista original ou, ao menos, o primeiro a usar o modo de investigação analítica que Freud mais tarde codificou e desenvolveu. Na descrição tradicional da Roda da Vida, e novamente, nos ensinamentos das Quatro Nobres Verdades, encontramos os frutos desta investigação analítica. Como o título deste livro, inspirado nas palavras do psicanalista inglês W R. Bion, parece insinuar, os ensinamentos de Buda não estão necessariamente em desacordo com o enfoque da psicodinâmica. Algumas vezes, na realidade, são exatamente aquilo que o médico recomendaria.

PRIMEIRA PARTE

A PSICOLOGIA BUDISTA DA MENTE

A mente que não compreende é Buda: não existe outra.

– D.T Suzuki

UM FALSO COMEÇO

Assim que comecei a me interessar pelo Budismo e pela Psicologia, tive uma demonstração nítida de como seria difícil conseguir a integração destes dois mundos.

Alguns dos meus amigos organizaram, na casa de um professor de psicologia da Universidade de Harvard, um encontro entre dois preeminentes professores budistas que nunca se haviam encontrado antes e que representavam duas tradições que, de fato, tiveram entre si pouco contato nos últimos mil anos. Antes que os mundos do Budismo e da Psicologia ocidental pudessem se unir, as várias correntes budistas teriam de se encontrar. E nós iríamos presenciar este primeiro diálogo.

Os professores – Kalu Rinpoche, do Tibete, de setenta anos, um veterano com experiência de anos de retiro solitário, e o mestre Zen, Seung Sahn, primeiro Zen coreano a ensinar nos Estados Unidos – testariam seus conhecimentos em proveito dos espectadores, estudantes ocidentais. Iríamos assistir a uma importante cerimônia que costuma ser chamada de combate do *dharma* (o embate de grandes mentes aguçadas por anos de estudo e meditação), e aguardávamos o seu início com a ansiedade que tal encontro histórico nos provocava. Vestidos com suas túnicas drapeadas – a do tibetano, marrom e amarela, a do coreano, cinza escura e negra – os monges entraram acompanhados de uma comitiva de jovens monges de cabeças raspadas que seriam seus intérpretes. Sentaram-se, sobre almofadas, na tradicional posição de pernas cruzadas, e o anfitrião deixou claro que o mestre Zen, mais jovem, deveria começar. O lama tibetano se sentou muito sereno, manuseando um rocal de madeira *(mala)*, enquanto murmurava continuamente "*Om mane padme hum*". O mestre Zen – que adquirira renome por seu método de lançar questões-relâmpago aos alunos até que se sentissem forçados a admitir sua ignorância, para então ouvi-lo gritar: "Conserve essa mente que não sabe de nada!" – tirou de dentro de sua túnica uma laranja, estendeu-a ao lama e perguntou: – O que é isto?

"O que é isto?" é a típica pergunta que inaugura um debate, e podíamos perceber que o monge coreano estava preparado para rebater qualquer resposta que lhe fosse dada.

O tibetano continuou na mesma posição, impassível, manuseando a *mala,* sem fazer um único movimento que indicasse a possibilidade de uma resposta.

– O que é isto? – Insistiu o mestre Zen, segurando a laranja diante do nariz do tibetano.

Kalu Rinpoche se inclinou lentamente para o monge tibetano que estava ao seu lado fazendo às vezes de intérprete, e os dois se puseram a cochichar por alguns instantes. Finalmente, o intérprete se dirigiu à plateia e disse:

– Rinpoche diz: "Qual é o problema com ele? Não há laranjas no lugar de onde ele vem?"

E o diálogo não foi além.

CAPÍTULO I

A RODA DA VIDA: O MODELO BUDISTA PARA A MENTE NEURÓTICA

Tão difícil quanto encontrar os pontos em comum entre os dois mestres budistas é descobrir as similaridades entre as tradições psicológicas ocidentais e orientais. Contudo, a descrição da Roda da Vida (Roda de Samsara), uma das imagens mais ubíquas do mundo budista, sempre me pareceu particularmente útil como ponto de partida para uma comparação entre as noções budistas e ocidentais de sofrimento e de saúde psicológica. A Roda da Vida representa os Seis Reinos da Existência, nos quais os seres conscientes giram incessantemente através de sucessivos renascimentos. Nos desenhos, esta figura circular, ou *mandala,* é colocada dentro da boca escancarada de Yama, o Senhor da Morte. A mandala ilustra brilhantemente os seis reinos aos quais os seres estão subordinados: o Reino Humano, o Reino Animal, o Reino do Inferno, o Reino dos *Pretas* (Espíritos Famintos), o Reino dos *Asuras* (Deuses Ciumentos ou Titãs) e o Reino Divino. Estas são as principais subdivisões, mas os textos sobre esse assunto descrevem outras centenas de reinos dentro de cada um deles. Dando início à Roda, surgindo do Reino Humano, está o caminho para encontrarmos as qualidades de Buda, e que representa a extraordinária oportunidade implícita no nascimento humano: a compreensão da mente de Buda, o despertar que liberta o ser humano da Roda da Vida.

A Roda da Vida é utilizada nos países budistas para ensinar o conceito de *karma* (merecimento), a noção de que as ações de uma pessoa nesta vida afetarão o tipo de renascimento que ele, ou ela, terá no futuro. Prejudicar outras pessoas implica no renascimento no Reino do Inferno; abandonar-se às paixões leva ao renascimento no Reino Animal; fazer donativos (principalmente a monges ou mosteiros) leva a nascimentos humanos onde há satisfação ou ao renascimento no Reino Divino, e assim por diante. Na verdade, os ensinamentos psicológicos sobre o karma são ainda mais sofisticados, é claro, mas a mandala é um tipo de representação que as crianças ou principiantes podem compreender facilmente. A questão essencial é que enquanto os seres forem guiados pela cobiça, ódio e delusão – forças representadas no centro do círculo por um cerdo, uma cobra e um galo tentando devorar uns aos outros – continuarão ignorantes da essência de Buda que existe dentro deles; ignorantes da natureza transitória, frágil e insatisfatória do mundo, e presos à Roda da Vida.

Assim, uma das características mais notáveis sobre o ponto de vista budista a respeito do sofrimento é a ideia, inerente à imagem da Roda da Vida, de que *as causas do sofrimento são também os meios para se encontrar o alívio,* isto é, o ponto de vista do sofredor determina se um dado reino é veículo para o seu despertar ou para o seu aprisionamento. Condicionada pelas forças do apego, da repulsa e da delusão, nossa percepção equivocada sobre os reinos – não os reinos em si – é a causa do sofrimento. Inserida em cada reino está a figura de um pequenino Buda (na verdade, a representação do Bodhisattva da Compaixão, um ser iluminado cuja energia é dedicada à erradicação do sofrimento dos outros) que, simbolicamente, nos ensina a corrigir o equívoco que nos leva a distorcer cada uma dessas dimensões, perpetuando o sofrimento. Nós não experimentamos nenhum desses reinos com lucidez, ensinam os budistas. No lugar disso, giramos amedrontados ao redor de cada um deles, incapazes de aceitá-los completamente, privados de uma experiência completa e temerosos daquilo que poderemos ver. Assim como os pensamentos martelam incessantemente na nossa mente, como se estivessem fora do nosso controle, tropeçamos de reino em reino sem saber realmente onde estamos. Estamos trancafiados dentro da nossa própria mente, e no entanto, não a conhecemos. Lutamos, levados ao sabor da correnteza, somos açoitados pelas ondas dos nossos pensamentos, sem termos aprendido a flutuar. Esta é a outra maneira de compreendermos a Roda da Vida, tomando-a de modo menos literal e mais psicológico. A questão central da prática budista é, afinal, a questão psicológica do "Quem sou eu?" Para respondermos a esta pergunta, precisamos explorar a Roda em sua totalidade. Cada reino deixa de ser apenas um lugar específico e passa a representar uma metáfora para cada um dos diferentes estados psicológicos, com a Roda inteira simbolizando o sofrimento neurótico.

De acordo com o Budismo, o que gera o sofrimento é o medo de vivenciarmos a nós mesmos com franqueza. Este ponto de vista se parece muito com o de Freud. Tal como Freud escreveu, o paciente

> deve encontrar a coragem para direcionar a atenção para o fenômeno da sua doença. Ela não deve mais lhe parecer algo desprezível, mas sim um inimigo que merece ser posto à prova, um traço de sua personalidade que tem fortes motivos para existir e do qual derivarão coisas importantes para a sua vida futura. Desta maneira, está aberto o caminho para a reconciliação do material reprimido que se expressa através dos seus sintomas, enquanto, ao mesmo tempo, desenvolve uma certa tolerância para com a condição de estar doente.[1]

A crença na reconciliação que pode levar ao alívio é fundamental para a ideia budista dos Seis Reinos. Continuaremos incapazes de encontrar nossos pensamentos iluminados enquanto estivermos alheios aos nossos pensamentos neuróticos. Como Freud tão bem destacou, "Quando tudo está dito e feito é impossível destruir alguém *in absentia* ou *in effigie*".[2] Em cada reino da nossa experiência, ensinam os budistas, devemos aprender a ver com clareza. Só então o sofrimento que Buda identifica como universal pode ser transformado. A libertação da Roda da Vida, dos Seis Reinos da Existência, é tradicionalmente descrita como *nirvana,* e é simbolizada pelo caminho que se inicia no Reino Humano. E contudo, tornou-se um axioma fundamental do pensamento budista que nirvana *é* samsara – que não há uma separação entre o reino de Buda e aquele da existência mundana; que o alívio do sofrimento é conquistado através de mudanças no modo de perceber, não através da migração para algum tipo de endereço celestial.

A psicologia ocidental contribuiu muitíssimo para o esclarecimento dos Seis Reinos. Freud e seus seguidores insistiram em expor a natureza animal das paixões; a natureza infernal dos estados paranoicos, agressivos e ansiosos; e o anseio insaciável que veio a ser denominado "desejo oral" (que está retratado nos desenhos dos Espíritos Famintos). Posteriores avanços na psicoterapia trouxeram ao centro da discussão até mesmo os reinos superiores. A psicoterapia humanística enfatizou as "experiências sublimes" ("*peak experiences*") dos Reinos de Deus; a psicologia do ego, o behaviorismo e a terapia cognitiva cultivaram o ego competitivo e eficiente visto no Reino dos Deuses Ciumentos; e a psicologia do narcisismo se dedicou especificamente às questões da identidade, tão essenciais ao Reino Humano. Cada uma destas tendências surgidas dentro da Psicologia resgatou um aspecto esquecido da experiência humana, recuperando uma parte da mente neurótica da qual nos afastamos.

A preocupação em reaver ou recuperar todos os aspectos do *eu* é fundamental para a noção budista dos Seis Reinos. Os ensinamentos budistas apontam para o fato de que estamos afastados não apenas desses aspectos do nosso caráter, mas também da essência de Buda que existe em nós e dos nossos pensamentos iluminados. Temos inúmeras oportunidades para exercitar os métodos de reapropriação e rememoração que são especificamente ensinados na meditação, pois podemos praticar sobre todos os elementos dos Seis Reinos, sobre todos os bloqueios da nossa mente. Se aspectos da pessoa permanecem incompreendidos – interrompidos, negados, projetados, rejeitados, tolerados, ou ainda, não assimilados – acabam por se transformar em pontos ao redor dos quais as forças da cobiça, do ódio e da delusão voltam-se contra ela mesma. São como buracos negros que absorvem o medo e geram a postura defensiva do *eu* isolado, incapaz de estabelecer um contato satisfatório com os outros ou com o mundo. Como Wilhelm Reich demonstrou em seu trabalho pioneiro sobre a formação do caráter, a personalidade é construída sobre estes pontos de afastamento de si mesmo. O paradoxo é que aquilo que tomamos como extremamente real – nosso *eu* – está construído como uma reação contrária justamente àquilo que nós não desejamos reconhecer. Nós nos tensionamos em torno daquilo que negamos, e vivenciamos a nós mesmos através de nossas tensões. Um paciente meu, por exemplo, percebeu que havia desenvolvido uma identidade centrada em sentimentos de vergonha, desmerecimento e rancor que tinham suas raízes nas inúmeras experiências vividas, ainda criança, com uma mãe pouco disponível. Ao notar a ausência da mãe, sentia-se amedrontado, e esse medo era tão ameaçador para a sua psique que *ele* acabou por fazer *dele* mesmo o problema, transformando o seu medo em sentimentos de inadequação. Isto continuou até a idade adulta, quando sua mãe, acometida por uma paralisia, se tornou fisicamente incapaz de responder-lhe. Só então pôde finalmente reconhecer seu medo. O tecido de que é feito o *eu* está alinhavado justamente a estas lacunas da nossa experiência emocional. Quando aqueles aspectos que foram inconscientemente rejeitados retornam à consciência, quando são aceitos, tolerados ou integrados, o Eu pode se reconciliar com eles. A necessidade de manter esta estrutura de inibição desaparece e a força da compaixão é automaticamente libertada. Somente quando meu paciente se sentiu enfim capaz de reconhecer seu próprio medo frente à inacessibilidade emocional da mãe, pôde compreender a difícil situação emocional em que ela se encontrava. Sua vergonha impedira que este entendimento acontecesse antes. Assim como o famoso mestre Zen Dogen disse:

> Estudar o Budismo é estudar o eu.
> Estudar o eu é esquecer o eu.
> Esquecer o eu é reconciliar-se com os outros.

Através dos ensinamentos da Roda da Vida percebemos que não é suficiente expor as inibições em apenas um ou dois dos Seis Reinos. Devemos expô-las em todos eles. Uma pessoa que esteja afastada de suas paixões mas não o esteja da essência divina será tão desequilibrada e intolerável quanto uma pessoa que sofra da situação contrária. Muitas das correntes da psicoterapia ocidental esmiúçam a fundo o sofrimento de um Reino em particular, mas nenhuma tem explorado a Roda da Vida em sua totalidade. Por exemplo, Freud explorou o Reino Animal, ou do Desejo; a analista de crianças Melanie Klein, o Reino do Inferno da ansiedade e da agressividade; o psicanalista britânico D. W. Winnicott e o idealizador da psicologia do *self,* Heinz Kohut detiveram-se no Reino Humano do narcisismo; e os psicólogos humanísticos Carl Rogers e Abraham Maslow, no Reino Divino das experiências sublimes. Todas estas abordagens têm sido úteis – na verdade, essenciais – para o tratamento de impedimentos específicos, mas há um limite a elas inerente que é o fato de todas se concentrarem única e exclusivamente sobre um aspecto da questão. Em um aspecto ou outro, cada uma delas pode ser essencial, mas a tradição budista vê a mandala inteira como reflexo da mente neurótica, e por isto requer um método que possa alcançar toda a sua amplitude.

No interior da roda, os especialistas budistas da mente enfatizam a excepcional oportunidade inerente ao Reino Humano, a partir do qual é delineado o caminho para a libertação. É deste Reino que surge a *atenção simples,* técnica essencial da meditação, um procedimento que permeia a maioria das eficazes terapias desenvolvidas para cada um dos outros reinos. Assim,

Reino Humano atravessa todos os outros: ele é o eixo da roda, território de Narciso, buscando a si mesmo e prisioneiro de seu próprio reflexo.

Com isto em mente, vamos examinar em detalhes cada um dos Reinos budistas e as batalhas que acontecem dentro deles. Gostaria de começar com uma história pessoal.

O REINO DO INFERNO

Quando minha filha tinha apenas três anos, mais ou menos na época em que seu irmão nasceu, passou a apresentar um medo acentuado do vento. De início, este temor nos pareceu razoável, já que o vento pode ser realmente muito forte e repentino quando sopra do Rio Hudson ao sul de Manhattan e a nossa filha era ainda muito pequena. Não poupamos esforços para tranquilizá-la e protegê-la, mas seu medo tornou-se cada vez mais intenso, e minha mulher e eu começávamos a agir tão logo uma leve brisa começasse a soprar. Outras crianças reagiam calmamente quando o vento soprava, mas nós nos acotovelávamos sob algum abrigo, corríamos para nos proteger, nos embrulhávamos em camadas e camadas de roupas e, ao contrário dos outros, nos deixávamos dominar completamente por um medo cada vez maior. Minha filha estava definitivamente envolvida pelo Reino do Inferno e gritava de pavor ao simples toque de uma brisa. Dizia temer que o vento a levasse para o mar, onde uma baleia gigante a devoraria, ou então que o vento entraria nela e a faria explodir.

Nas representações tibetanas da Roda da Vida, os seres do Reino do Inferno são retratados sofrendo toda sorte de torturas. Podem ser vistos imersos em óleo fervente, destroçados por animais selvagens, congelados, famintos e sofrendo abomináveis punições. Ser torturado pelo vento não é um dos sofrimentos mais comuns, mas não tenho dúvidas sobre a natureza infernal da experiência pela qual minha filha passava. Sob o ponto de vista da psicodinâmica, os Reinos do Inferno são vívidas descrições dos estados de agressividade e de angústia. Seres são representados ardendo de raiva ou torturados pela angústia. No entanto, não reconhecem seus torturadores como produtos de suas próprias mentes. Acreditam estar sendo torturados por forças exteriores, sobre as quais não têm controle algum. Ao mesmo tempo em que estão completamente dominados pela raiva e pela angústia, estão apartados destas mesmas emoções. Não conseguem ver que a origem de tais forças indesejáveis está neles mesmos, e que, por isto, estão aprisionados em uma cela que eles mesmos construíram. O Bodhisattva da Compaixão é algumas vezes inserido no Reino do Inferno trazendo em uma das mãos um espelho ou uma chama purificadora, indicando que o alívio para esse sofrimento só virá se olharmos as emoções que não desejamos refletidas no espelho. Aceitas desta forma, as emoções curam a si mesmas (uma questão que não passou desapercebida a Freud).

Seis meses após o aparecimento da fobia de minha filha, depois de termos passado as férias trancafiados em casa, decidimos buscar ajuda externa. O vento passara a representar um sentimento que minha filha não podia suportar e que ela havia projetado de seu interior para o mundo fora dela. O que poderia ser tão insuportável? Admitíamos que, certamente, o nascimento de seu irmão provocara um impacto sobre ela, e estávamos atentos para a bem conhecida rivalidade entre irmãos. Mas ela parecia genuinamente apegada a ele; era cuidadosa, protetora e demonstrava pouquíssima hostilidade contra ele. Contudo, nossas atenções para com a raiva contra o irmão nos haviam impedido de ver o quadro real. Seus sentimentos para com o irmão não geravam conflito, mas os sentimentos para com sua mãe, sim. A raiva dirigida à pessoa que tanto amava e precisava era para ela um sentimento insuportável, e nós não havíamos percebido isto face à evidente ternura com que aceitara o irmão.

Minha filha estava furiosa com a mãe, e este sentimento veio à tona de um modo tão forte e perigoso que ela não pôde admiti--lo sem a nossa ajuda. Ela fez o melhor que pôde sem nós. Tentou proteger-nos de sua raiva eliminando-a pura e simplesmente, e arcou sozinha com as consequências disto. Uma vez compreendido, o problema se resolveu com incrível rapidez. Minha mulher envolveu a filha em brincadeiras onde fossem permitidas lutas. Ela precisou de pouco incentivo, pois percebeu que isso não era proibido, e logo as duas estavam rolando pelo chão, rindo e gritando, abraçando e socando uma à outra. O medo de minha filha diminuiu assim que ela readquiriu seu espírito de luta, e por um bom tempo nós a encorajamos a gritar com o vento, a fingir que brigava com ele e a correr contra ele. Ao ver que podíamos suportar sua fúria, que a raiva que sentia pela perda de uma relação exclusivista com a mãe era compreensível, a fobia desapareceu. Hoje, cinco anos depois, ela se lembra disso tudo como um episódio divertido.

Há um paralelo nas lendas que envolvem a transmissão do Budismo da Índia para o Tibete, que se acredita ter sido realizada pelo grande iogue indiano Padma Sambhava, no século oitavo. Naquela época, o Tibete era dominado por uma tradição xamanista. Os tibetanos eram profundamente supersticiosos e tinham medo de espíritos e forças mágicas que acreditavam estar à sua espreita, do outro lado do mundo. Dizem que Padma Sambhava desafiou os melhores xamãs da religião Bon local para uma competição em que provou a superioridade de seus poderes mágicos, vencendo-os em seu próprio jogo. No decorrer da competição, derrotou os poderosos demônios com cabeça animal dos reinos inferiores, convertendo-os em protetores do Budismo e revelando-lhes que seu temperamento era um dos aspectos da mente iluminada, e não das forças demoníacas. A tradição tibetana está repleta de imagens de tais seres "dando pontapés no cadáver do ego", representando o controle das emoções dolorosas e a trajetória que parte da projeção, da paranoia, e do medo e avança em direção a uma capacidade visual harmônica e lúcida.

Quando nos recusamos a reconhecer a presença desses sentimentos indesejados, ficamos tão amarrados a eles como quando nos entregamos a eles indigna e hipocritamente. Tradicionalmente, as religiões aconselham seus seguidores a se afastar dos estados mentais agressivos, eróticos ou egoístas, substituindo-os por estados "mais puros", como aqueles da devoção, da humildade ou da piedade. A psicanálise encoraja seus adeptos a enfrentar sem medo essas emoções, a compreender a origem desses sentimentos e a recuperar a energia que foi perdida pela não aceitação dos impulsos e desejos primitivos. O Budismo, dentre todas as religiões do mundo, foi a única a escolher o característico caminho do meio reconhecendo a necessidade de estarmos livres das emoções destrutivas e vendo, ao mesmo tempo, que tal libertação se dá quando compreendemos sem preconceitos aquelas mesmas emoções das quais procuramos nos libertar. Assim como o Reino do Inferno parece essencialmente ligado à agressividade e ao medo, as contribuições de Winnicott sobre a necessidade da raiva no crescimento infantil podem ser úteis para ilustrarmos a atitude dos budistas ao encorajar tais sentimentos. Winnicott vê a criança como possuidora de um impulso natural para estar de acordo com aqueles que ama, tentando destruir a individualidade da mãe com uma crueldade e sinceridade que toda mulher que tenha amamentado seu filho pode confirmar. Winnicott desenvolveu o conceito da "mãe suficientemente boa", que é capaz de lidar com essa agressividade sem se deixar destruir, capaz de sobreviver ao assalto sem bater em retirada com horror ou vingar-se com fúria, e, por outro lado, sem renunciar à sua presença materna.[3] Parte dessa reação "suficientemente boa" serve também para resistir à destruição perpetrada pela criança, para defender seu território, impor limites, definir fronteiras e, deste modo, introduzir alguns elementos de frustração dentro da experiência da criança. O outro aspecto da resposta suficientemente boa é a aceitação da raiva e da ruptura que isso representa. Isto auxilia o amadurecimento da criança, que sai do estado que Winnicott chama de "relação de objeto" ("*object relating*") para o de "uso de objeto" ("*object usage*"), isto é, de um estado no qual a mãe é experimentada como uma extensão da criança para outro no qual a individualidade da mãe é compreendida.

A raiva e os impulsos agressivos da criança, quando corretamente enfrentados e "sustentados" (*"held"*) pela mãe, obrigam à destruição do modelo infantil e ultrapassado de se relacionar. Quando incorretamente tratada, a raiva não conhece limites, e a criança acaba relegada a uma existência no Reino do Inferno. Como Winnicott sugere, falhas nessa esfera frequentemente levam as pessoas à psicoterapia ou à meditação. Uma das contribuições da abordagem budista é a sua habilidade em ensinar um método de nos relacionarmos com nossa própria raiva, que é o equivalente psíquico do "sustentar" (*"holding"*) de Winnicott.

O REINO ANIMAL

O Reino Animal é o Reino da satisfação dos instintos, da pulsão biológica da fome e da sexualidade. Na cosmologia tibetana, sua principal característica é a irracionalidade. Nesta dimensão, a figura do Bodhisattva segura um livro, representando a capacidade de pensar, falar e refletir que está ausente da nossa natureza animal. Tal imagem também pode representar a ideia de sublimação que Freud desenvolveu a partir de seus estudos sobre esses instintos, pulsões ou impulsos.

As explanações de Freud harmonizam-se com aquelas dos budistas quanto à compreensão de que a felicidade definitiva não pode se originar dos prazeres sensuais. Para Freud, há limitações intrínsecas à satisfação sexual. Ao investigar a natureza da sexualidade, Freud chegou à paradoxal conclusão de que há "algo na natureza da própria pulsão sexual [que] impede a realização da completa satisfação".[4] Ao invés de desencadear uma corrente sem fim de paixões descontroladas, como temem muitas pessoas em conflito com a sua sexualidade, a integração no Reino Animal revela que a fugacidade é inerente ao prazer, que este não pode ser mantido para sempre e o seu término nos leva de volta a um estado de esgotamento, inquietude, isolamento, desejo e tensão. A descrição que Freud faz do prazer elucida um conceito budista básico, isto é, que a busca do prazer advindo das experiências sensoriais leva inevitavelmente a um estado de insatisfação, pois é da natureza do prazer que ele não possa ser prolongado:

> O que chamamos de felicidade, em estrito sentido, vem da satisfação (de preferência imediata) das necessidades que foram intensamente represadas e é de sua natureza que seja possível somente como fenômeno periódico. Quando alguma situação muito desejada pelo princípio do prazer se prolonga, produz tão somente um sentimento de suave contentamento. Somos feitos de tal maneira que extraímos prazer intenso apenas do contraste entre as situações e muito pouco das condições dessa situação. Assim, as possibilidades de alcançarmos a felicidade são de antemão restringidas pela nossa constituição.[5]

Embora o prazer sexual tenha sido melhor compreendido a partir de Freud, as inibições em torno da liberdade e da felicidade sexuais certamente não desapareceram. A elas talvez tenham sido acrescentadas uma atitude tolerante e uma tentativa de extrair prazer ou sentido duradouros daquilo que é essencialmente um prazer transitório, mas as inibições descritas por Freud persistem, ao menos para alguns. De fato, determinadas pessoas que desenvolveram um certo interesse pelo Budismo tendem a fugir das questões sexuais mal resolvidas através da meditação, mas isso não costuma funcionar por muito tempo. É mais provável que as questões sexuais se tornem cada vez mais prementes devido ao desenvolvimento espiritual.

Muitos dos meus pacientes com extensa experiência em meditação vieram à terapia quando, através dos exercícios, descobriram inevitáveis questões sexuais. Uma paciente, depois de passar anos em retiro na Índia, descobriu que não poderia mais evitar a verdade a respeito da sua homossexualidade. Seu maior temor era desapontar seus pais, frágeis e cheios de preconceito contra os homossexuais, que certamente receberiam essa notícia como um reflexo de suas próprias "falhas". Outro paciente, criado por uma severa família de coreanos católicos, veio à terapia depois de ter participado de muitos retiros. Ao falar, enfatizava inúmeras vezes que a questão do sexo lhe era indiferente, que ele não precisava disso, nem sentia vontade de alcançar o orgasmo quando mantinha uma relação sexual. Escondidos sob estas afirmações estavam o desejo de integrar sua sexualidade e o medo de que tal integração fosse impossível de ser alcançada, que a sua natureza animal pudesse dominá-lo se ele lhe desse a oportunidade. Assim como os pacientes com dificuldades para aceitar a sua raiva, este paciente via a sua sexualidade como uma "coisa", como algo apartado que ameaçava o resto. Num dado momento do processo terapêutico, contou-me um sonho onde a igreja que sua família frequentava era invadida por pagãos farristas que dançavam e bebiam. Em outra ocasião, regalou-me com histórias sobre uma recente incursão que fizera a um clube sadomasoquista, onde experimentara vários tipos de dominação. Disse que queria me mostrar como seria perigoso para ele libertar as suas paixões, e até onde a sua imaginação erótica poderia levá-lo. Contudo, assim que se sentiu menos constrangido em relação aos seus desejos eróticos, estes passaram a ocupar o seu devido lugar e uma vez livre desse obstáculo, pôde dar seguimento às suas atividades espirituais e à sua vida. Paradoxalmente, olhar para o Reino Animal foi a única maneira de não continuar preso a ele. Esta é uma lição que muitos grupos religiosos, do Ocidente e do Oriente, tiveram de aprender inúmeras vezes. Parece que ignorar o Reino Animal apenas aumenta o seu poder, como demonstram os escândalos sexuais que têm abalado grupos religiosos e seus líderes. A sexualidade é uma ameaça à espiritualidade apenas quando não está integrada a ela.

Se, de um lado, o Reino Animal não deve ser ignorado, de outro, ele *pode* ser colocado em seu devido lugar. Certamente a sexualidade não necessita da indulgência à qual frequentemente está associada, como também não precisa estar separada da mente iluminada. Na verdade, a tradição tibetana faz livre uso da cópula como metáfora da mente iluminada, e exercícios avançados de meditação tântrica que são ensinados aos monges depois de anos de preparação com o objetivo de acelerar o despertar, muitas vezes culminam em uma relação sexual ritualizada.

O REINO DOS ESPÍRITOS FAMINTOS

Os Espíritos Famintos são provavelmente a metáfora mais intensa da Roda da Vida. Criaturas fantasmagóricas, de membros esquálidos, ventre excessivamente inchado e pescoço longo e esguio, os espíritos famintos representam, em muitos sentidos, a fusão da raiva e do desejo. Atormentados por anseios irrealizáveis e pela exigência de satisfação de desejos impossíveis, os espíritos famintos estão à procura da realização de antigas necessidades que não se cumpriram numa época que já passou. São seres que sentem dentro de si um terrível vazio e que não são capazes de aceitar a impossibilidade de corrigir algo que já aconteceu. Seu estado fantasmagórico representa o apego ao passado.

Além disto, esses seres, terrivelmente famintos e sedentos, não podem comer ou beber sem sofrer de indigestão e sentir dores terríveis. Qualquer tentativa de conseguir algum conforto lhes causa uma dor ainda maior. Suas gargantas, longas e finas, são tão estreitas e possuem tantas feridas que a deglutição lhes provoca ardência e irritação intoleráveis; seus ventres estufados são incapazes de digerir os alimentos: suas tentativas de obter algum prazer apenas tornam a fome e a angústia ainda mais intensas. São seres incapazes de ter alguma satisfação no presente, ainda que transitória. Continuam obcecados pela fantasia de alcançar o alívio completo para as dores do passado, e estão obstinadamente alheios ao fato de que seu desejo é uma fantasia. Não têm consciência de que suas fantasias devem ser reconhecidas como fantasias. Os Espíritos Famintos precisam entrar em contato com a natureza espiritual de seus próprios desejos.

Contudo, não é fácil para um espírito faminto conseguir este contato, mesmo com a ajuda de um psicoterapeuta. Na verdade, problemas relacionados ao Reino dos Espíritos Famintos aparecem cada vez mais nos consultórios de psicoterapia. Uma paciente minha, por exemplo, uma bem-sucedida professora de Literatura Francesa, chamada Tara, personificou a categoria do espírito faminto. Tara me descreveu uma longa sucessão de relacionamentos com outros acadêmicos bem-sucedidos, no apogeu de suas carreiras. Começava um relacionamento apaixonado com um desses homens quando ainda estava envolvida com outro, mantendo invariavelmente acuado o homem com quem estava vivendo. Rápida e criteriosamente, apontava todos os seus defeitos, perdia o interesse sexual por ele, e principalmente, o impedia de tocá-la, física e emocionalmente. Ao mesmo tempo, começava a fantasiar sobre o próximo luminar a entrar em sua vida. Ainda que com muita experiência na área sexual, raramente atingia o orgasmo, e confessou-me sentir um vago desconforto em relação à intimidade sexual. Falava-me de uma mãe sempre pronta a apontar-lhe os defeitos, infeliz, e que raramente a tocava quando criança. Contou-me que certa vez, em um acesso de raiva devido à sua teimosia, sua mãe rasgou e destruiu seu ursinho de pelúcia. Tara procurou a terapia depois de primeiramente tentar praticar a meditação Zen (*zazen*). Esta experiência deixou-a inexplicavelmente amedrontada, ao ponto de tê-la feito fugir da sala de meditação (*zendo*) sem ao menos ter tentado sentar-se lá.

Tara buscava desesperadamente um tipo de alimento de que um dia precisou, mas que não mais servia à mulher adulta que ela era. (Mesmo que encontrasse alguém que a apoiasse como sua mãe jamais fizera, seria pouco provável que se sentisse satisfeita por muito tempo. Na verdade, tal comportamento lhe pareceria sufocante e irrelevante diante das suas necessidades atuais). Tara temia aquilo que mais desejava (ser tocada) e era incapaz de experimentar os prazeres transitórios que estavam à sua disposição. A possibilidade de um relacionamento com um homem servia apenas para estimular-lhe a fantasia recorrente de um relacionamento libertador com outro homem, e ela não era capaz de perceber que esta era uma fantasia impossível. Na verdade, mostrava-

-se relutante em falar sobre essas fantasias. Era guiada por elas, mas não era capaz de reconhecer a realidade delas, quanto mais discutir sua não-realidade. Somente quando foi capaz de falar sobre os seus desejos pôde sentir a dor causada pelo tratamento que sua mãe lhe dispensava. A esta altura, o medo do *zazen* começou a diminuir e a necessidade compulsiva de denegrir aqueles com quem buscava intimidade se tornou consciente.

Na representação tradicional da Roda da Vida, o Bodhisattva da Compaixão aparece no Reino dos Espíritos Famintos carregando uma tigela repleta de objetos simbolizando o alimento espiritual. A mensagem é clara: comida e bebida não são suficientes para satisfazer as necessidades deste reino. Apenas a consciência não-julgadora aperfeiçoada por Buda oferece alívio.

O desejo insensato por uma fartura inesgotável é comum à psique ocidental, onde aparece disfarçado sob o título de "baixa autoestima". Paradoxalmente, professores budistas orientais têm dificuldades para compreender este estado da mente em seus alunos ocidentais. Parece que, para os professores educados no Oriente, a amplitude da sensação de solidão e de desmerecimento que ocorre na psique ocidental é algo inacreditável, e as compulsivas fantasias de reparação que muitas vezes estão ligadas a esses mesmos professores raramente são tratadas com a profundidade do método psicanalítico. Assim como o vazio sentido pelos Espíritos Famintos deve ser vivenciado de tal maneira que a reparação deixe de ser procurada em fontes impossíveis, os estudantes ocidentais atormentados por tais sentimentos devem fazer da solidão mesma o objeto de sua meditação. Só então a aversão por si mesmo pode ser transformada em sabedoria, tarefa na qual a psicoterapia e a meditação, juntas, podem colaborar.

O REINO DIVINO

Na cosmologia budista, os Reinos do Paraíso são lugares de contentamento sensual, satisfação, êxtase e prazer estético. São habitados por seres com corpos etéreos que jamais adoecem, que se deleitam com música e dança e vivem nas várias versões, das assim chamadas "experiências sublimes", nas quais o participante se dissolve dentro dessa experiência de prazer, unindo-se àqueles que ama e acabando temporariamente com as fronteiras do ego. Este estado é chamado pela terapia da Gestalt de "confluência" (*confluence*): a fusão do orgasmo, a assimilação do alimento digerido, a harmonização da criança ao seio materno, a satisfação de toda e qualquer experiência na qual um todo novo é criado, e onde o Eu se dissolve temporariamente. Tais experiências são estados poderosos, cultivados na prática do Budismo, porém desaconselhados pelos ensinamentos budistas, porque podem induzir ao autocontentamento que subsiste, em última análise, como um refúgio ou uma interrupção temporária da insatisfação. No Reino Divino, o Bodhisattva da Compaixão é retratado segurando um alaúde, simbolizando os prazeres musicais dessa dimensão e também alertando àqueles que estão neste reino para o significado dos ensinamentos de Buda, despertando-os do seu sono ou transe. O alaúde lembra que seus prazeres são temporários: são o esquecimento do sofrimento alheio; se hoje se deliciam com os louros da vitória, um dia cairão em desgraça.

Psicologicamente, as dificuldades com a confluência são de pelo menos dois tipos: a dependência, a uma confluência doentia, e o impedimento, ou distanciamento, que surge de uma confluência saudável. Na primeira categoria, estão aquelas pessoas que exigem que seus filhos, amantes, amigos, parentes, colaboradores ou outras pessoas próximas estejam todos de acordo, e que se recusam a admitir a necessária "diversidade" que permite aos outros respirar. São aquelas pessoas que se apavoram com a perda dessa ligação, que sufocam sua própria agressividade, porque tal instinto é "egoísta", e que consideram intoleráveis os desejos dos outros quando estão em conflito com os seus próprios. São os "capazes", nas famílias que sofrem com o alcoolismo, ou os "codependentes", nas neuróticas. Na segunda categoria estão aquelas pessoas que, devido a privações sofridas na infância ou por terem sido precocemente estimuladas a se tornar independentes, desejam, ainda que à custa de muita angústia, a dissolução do ego característica da confluência. Por não terem experimentado suficientemente a tranquilidade que o apoio dos pais proporciona durante a infância, é compreensível que temam aproximar-se das consequências desses acontecimentos na vida adulta, e que tenham dificuldades para atingir o orgasmo, protegendo as fronteiras do ego que foram obrigadas a construir prematuramente. Geralmente estão alheios a essa tensão e sentem-se como se tivessem sido enganados, mas incapazes de reconhecer a fonte de seus sentimentos e de seu contínuo isolamento.

Um amigo meu chamado James, lembra-se de um fato da sua adolescência que o atormentou e preocupou por pelo menos vinte anos. Esse momento crítico veio à tona na sua primeira experiência com o Reino Divino. Aos dezesseis anos, pouco depois de ter recebido sua carteira de motorista, James convidou uma jovem para sair e por quem, durante dois anos, alimentara uma paixão secreta. Aquela tarde deliciosa culminou com muitas horas de carícias, depois que os pais dela foram dormir, e ele experimentou uma felicidade que nunca havia sentido antes. No entanto, naquela noite ele foi para casa e nunca mais a procurou. James nunca entendeu o porquê. Este mesmo homem, vinte anos depois, ficava extremamente angustiado quando a sua mulher tinha de se afastar dele ou quando não compartilhava das mesmas emoções que ele. O seu envolvimento com o estado divino da confluência era muito frágil. Quando adolescente, tanto buscara quanto fugira dessa experiência; quando adulto, não suportava ver o seu término, pois não confiava em sua própria capacidade de recriá-la. Sentia-se angustiado na presença desse sentimento, tanto quanto na sua ausência.

Componente essencial da Roda da Vida, o Reino Divino representa a habilidade de distender as fronteiras do ego, de nos dissolvermos temporariamente, de conhecermos a alegria da conexão e dos prazeres estéticos e intelectuais. Este é o lugar da reverberação e da ressonância que o psicanalista Michael Eigen descreveu como a inesgotável "semente da alegria nuclear" ("*nuclear joy kernel*") que faz o bebê sorrir."[6] Para os budistas, as experiências deste reino são parte da capacidade humana e não precisam ser temidas. Essas experiências são frequentemente alcançadas ao praticarmos a meditação, mas não são passíveis de um prolongamento maior que aquele advindo dos prazeres sensoriais que tanto ocuparam Freud. De fato, quando essas experiências passam a ser o objeto dos nossos anseios, tornam-se uma potente fonte de sofrimento. As intensas descrições de Freud sobre as experiências místicas – definidas por ele como "oceânicas" – adaptam-se perfeitamente a essa cosmologia: há experiências meditativas que realmente evocam o sentimento oceânico de união com o universo, mas essas experiências pertencem ao Reino Divino, não são as experiências místicas que Buda descreveu como essenciais para a psicologia da meditação analítica.

O REINO
DOS DEUSES CIUMENTOS

O Reino dos Deuses Ciumentos (ou Titãs) é algumas vezes representado como uma região que pertence ao Reino Divino, outras vezes possui seu próprio território. Seja em que caso for, neste Reino dois conjuntos de seres estão separados pela "Árvore dos Desejos", carregada de frutos pelos quais os Deuses Ciumentos estão em luta. Tais seres, que incorporam os conflitos agressivos do ego, estão tentando colher os frutos dos deuses com um ímpeto competitivo implacável, e representam a energia necessária para superar a frustração, modificar uma situação ou entrar em contato com uma nova experiência. Quando isto acontece, o Reino Divino se regozija mas são os Deuses Ciumentos que incorporam a força agressiva necessária à aproximação, destruição e superação dos obstáculos àquela satisfação.

É interessante notar que este reino – do ego e da agressividade – é apresentado como um dos reinos superiores, apesar da reputação que o Budismo desfruta de ser passivo, estoico e contrário ao ego. As clássicas funções do ego – suavidade, domínio, autocontrole e adaptação – são claramente valorizadas na cosmologia budista. Na verdade, formam a base para o exercício meditativo da conscientização, no qual as próprias funções do ego são recrutadas para o aperfeiçoamento de uma consciência voltada para o instante. O Bodhisattva da Compaixão aparece neste local empunhando uma espada em chamas, símbolo da consciência discriminadora. A presença desta espada reforça a ideia de que a natureza agressiva do ego não é vista como um problema, e que esta energia é de grande valor e necessária ao caminho da espiritualidade. Contudo, o objetivo deste esforço – os frutos da Árvore dos Desejos – é visto, enfim, como uma decepção. O Bodhisattva da Compaixão impele os Deuses Ciumentos a redirecionar sua agressividade, destruindo e assimilando a falta de consciência que os mantêm afastados deles mesmos. Desta maneira, a prática da meditação procura reunir as várias funções do ego, reorientando-as de modo a transformar a tentativa de possuir as "coisas" na conquista do conhecimento discriminador. Contudo, para realizar tal feito, as mesmas funções do ego devem ser primeiramente libertadas.

A libertação das funções do ego é, com frequência, tarefa da psicoterapia. Uma paciente minha, escritora com dificuldades para finalizar um projeto com o qual parecia muito animada, costuma lembrar-se que o pai lhe dizia que estava "muito exaltada" sempre que ela corria ao encontro dele para lhe contar as suas aventuras, mesmo sabendo que ele não tinha tempo para ela. "Se você amarrar uma vassoura no traseiro, pode ir varrendo a casa enquanto corre", seu pai costumava dizer. Assim, minha paciente aprendeu a controlar a sua excitação, mantendo todas as coisas sob controle e o corpo, rígido. Como consequência, desenvolveu dores de cabeça incapacitantes. Sua energia irrequieta e agressiva se voltava contra o seu próprio corpo, ao invés de ser aproveitada e utilizada para realizar algum projeto. A ideia de poder aproveitar essa sua agitação surgiu como uma revelação e um desafio.

Um antigo vizinho meu mostrou seu afastamento desta importante função do ego de forma bastante peculiar. Se esperava algo de alguém, costumava ficar de mau humor e amuado, no lugar de conversar francamente com essa pessoa. Já adulto, manifestou esse comportamento mais abertamente com seu companheiro, com quem, sem dizer uma única palavra, tornava-se petulante e exigente, tentando fazer com que desempenhasse o papel agressivo em seu lugar. Ao invés de se aproximar do amigo e dizer que desejava um encontro sexual, abandonava-se à melancolia, com o objetivo de agredi-lo, enquanto fantasiava que ele mantinha relações sexuais com namorados anteriores. Confessou-me que a sua raiva vinha à tona em seus sonhos, mas mesmo assim não conseguia encontrar uma saída para esse comportamento. Em um desses sonhos, no momento em que tentava atacar seu companheiro, que fugia em uma espaçonave, a cena mudou drasticamente, revelando um deserto desolado e infinito onde tudo era imóvel, belo e solitário. Suas fantasias e sonhos definiram o que ele fez com a crucial energia dos Deuses Ciumentos: paralisou a si mesmo, afastou-se de sua própria agressividade e, assim como os seres do Reino do Inferno, passou a dirigir essa agressividade contra si mesmo, ao imaginar a infidelidade de seu amante. Ele era abandonado indefeso, desolado e completamente inatingível.

O REINO HUMANO

Assim, como representação da mente neurótica, a Roda da Vida mostra não apenas como os seres podem ser indulgentes para consigo mesmos, mas também a forma como se escondem de si mesmos. A criança em desenvolvimento precisa odiar para poder amar verdadeiramente, o desejo sexual deve ser vivido para podermos compreender suas limitações, fantasias de realização das necessidades não satisfeitas devem ser compreendidas como fantasias para que a verdadeira satisfação possa ser apreciada, as funções do ego devem ser libertadas para serem utilizadas tanto em propósitos espirituais quanto mundanos, e as fronteiras do ego devem ser temporariamente distendidas para que a confluência possa ser compreendida como uma consequência do contato prazeroso e não como um estado paradisíaco impossível de ser alcançado. No entanto, é no Reino Humano que a tendência para fugirmos de nós mesmos é mais evidente.

Se os Reinos inferiores estão relacionados com os *desejos* inaceitáveis, como diria Freud, e se o Reino Divino e o Reino dos Deuses Ciumentos são o território das funções do ego e da sua dissolução temporária, então o Reino Humano diz respeito ao que se tornou conhecido como o Eu (ou a sua ausência). Para ser mais preciso, este é o Reino da *busca* do Eu, a questão central da recente psicologia do narcisismo e, de alguma maneira, a constante preocupação de todas as atividades criativas. O Bodhisattva da Compaixão aparece neste território sob a forma do Buda histórico, Sakiamuni, um príncipe indiano do século V a. C., que é representado com a tigela de esmolas e o bastão que simbolizam o ascético compromisso com a conhecida proposta budista de busca da identidade.

O dilema central do Reino Humano é não sabermos quem somos realmente. Como Winnicott costumava sugerir, "Ainda que as pessoas saudáveis se comuniquem e gostem de se comunicar, outro lado é igualmente verdadeiro: *que cada indivíduo está isolado, permanentemente incomunicável, permanentemente incompreendido, de fato ainda por se formar*".[7] Estamos conscientes da sensação vaga e confusa da solidão, da inautenticidade e do isolamento, e temos alguma noção da necessidade de reconhecimento, atenção e identificação – que os psicanalistas chamam de "espelhamento" ("*mirroring*") – que pode estar por trás destes sentimentos confusos. Todavia, estamos fundamentalmente em dúvida.

Podemos observar como esta sensação passa de geração para geração. Algumas vezes, uma criança que está procurando estabelecer um verdadeiro contato com outra pessoa – ao invés de apenas buscar satisfação instintiva – depara-se com um pai ou uma mãe narcisista, muito preocupado com sua própria ansiedade em relação aos cuidados com o filho. Este comportamento provoca na criança uma sensação de desatenção que se transforma na semente de seu próprio medo e insegurança. Assim, esta criança é forçada a construir o que Winnicott denominou de "Falso Eu" para administrar as exigências de um genitor intrometido e desatento. Esta pessoa passa a lutar contra a necessária construção do *falso eu*, na tentativa de se sentir real. O *falso eu* é criado para lidar com uma situação insuportável; como é uma construção, finalmente se cristaliza, obscurecendo as expressões pessoais mais espontâneas, afastando a pessoa de si mesma. Em parte, Winnicott afirma que a criança com pais narcisistas tem suas razões para deles se esconder quando percebe neles a falta de interesse por ela. Como Winnicott afirmou: "É divertido se esconder, mas é desastroso não ser encontrado".[8]

Outra paciente minha, uma artista plástica de trinta anos chamada Lily, me deu um bom exemplo da gênese dessa sensação de falsidade ao lembrar-se de um episódio que lhe ocorrera na infância. Lily se lembrou que, por volta dos seis anos, descobriu no sótão uma blusa estampada e decidiu vesti-la no dia seguinte, para ir à escola. Recusou-se a colocar por cima dela um casaco, pois queria exibir a nova descoberta. Sua mãe ficou furiosa, insistiu que vestisse o casaco e, finalmente, gritou: "Que tipo de mãe as pessoas vão pensar que eu sou? Você é um reflexo de mim." Lily foi à escola no dia seguinte, vestindo o casaco e, pensando: "Eu sou invisível, eu não sou nada além do reflexo de minha mãe."

Certa vez, observei uma paciente, outra psicoterapeuta, que começou a terapia com a imagem dela mesma como uma garotinha de cinco anos de idade, usando rabo-de-cavalo, escondida atrás de um enorme cartaz publicitário e anunciando todas as suas proezas. Sua fantasia era ser resgatada de trás desse cartaz. Atento às injunções de Winnicott, simplesmente perguntei a ela como seria possível alguém descobri-la em um esconderijo tão bom.

Sob a perspectiva do budismo, o Reino Humano não diz respeito apenas ao *falso eu*, mas também à possibilidade de um *insight* que transcende à verdadeira natureza do eu. É aqui que o conceito budista de *sunyata* (vacuidade) pode ser entendido. Os budistas afirmam que quanto mais compreendemos o vazio, mais nos sentimos reais – que o âmago desta questão, o elemento incomunicável, é, na verdade, o medo da nossa própria insubstancialidade. É por isto que o protegemos tão ferozmente, por que não queremos ser descobertos e por que nos sentimos tão vulneráveis quando nos aproximamos de nossos sentimentos mais pessoais e particulares. Ao abordar essa privacidade sem medo, os exercícios budistas tornam possível a sensação de uma genuína libertação, no lugar do permanente isolamento.

COBIÇA, ÓDIO E DELUSÃO

No centro da Roda da Vida, girando incessantemente, estão as forças propulsoras da cobiça, do ódio e da delusão, representadas por um galo vermelho, uma serpente verde e um cerdo negro, cada qual segurando entre os dentes a cauda do seu vizinho, simbolizando a sua interligação. São estas as forças que perpetuam o afastamento de nós mesmos e que nos mantêm acorrentados à roda, incapazes de compreender os *insights* de Buda e prisioneiros do descontrole dos nossos próprios pensamentos. A confusão a respeito de nós mesmos, nossos temores e inseguranças, nossa ignorância ou delusão, na linguagem budista, nos mantém aferrados às experiências de prazer e avessos àquelas que nos trazem desconforto, ainda que tal esforço resulte infrutífero.

A psicanálise da primeira fase – o clássico período de Freud e seus seguidores, que se estendeu até a década de 50 – esteve voltada principalmente para a descoberta da raiva e do desejo reprimidos – ou Eros e Tanatos, as pulsões de vida e de morte – que de algum modo correspondem, na mandala budista, à serpente e ao galo. O período seguinte – das relações de objeto e do narcisismo, que dominou os últimos trinta anos – revelou o abismo interior: a solidão, a inautenticidade ou isolamento resultantes do afastamento do nosso *verdadeiro eu* e a ignorância ou confusão a respeito da nossa verdadeira natureza. Na visão budista, estes sentimentos estão representados pelo cerdo negro da delusão, a raiz ou precondição da cobiça e do ódio. Os psicanalistas têm sido hábeis em identificar a ignorância, mas não têm sido capazes de tratá-la, solucionando-a prontamente, à exceção de postularem que o *eu* incomunicável não deve ser incomodado. E isto foi, sem dúvida, um avanço: expor o nosso narcisismo é precondição essencial para a sua transformação. Contudo, é na tradição da meditação que encontramos uma metodologia lúcida para lidar objetivamente com a confusa visão que temos de nós mesmos.

É tentador encarar o Budismo como o defensor da opção pela *fuga* da Roda da Vida, e a psicoterapia, como a incentivadora da nossa *adaptação* a ela. Este é, de fato, o que grande parte dos primeiros tradutores, professores e estudantes do Budismo propuseram. Mas assim como foi dito anteriormente, é um axioma do Budismo que nirvana é Samsara. As figuras do Bodhisattva inseridas em cada reino da Roda da Vida sugerem que é possível aprendermos uma *outra forma* de nos relacionar com as emoções de cada dimensão. É neste sentido que se diz que a pessoa iluminada "está no mundo, mas não é do mundo".

Esta visão difere consideravelmente daquela sustentada por muitos da comunidade psicanalítica, que tendem a ver as energias da cobiça, do ódio e da delusão como pulsões ou instintos que, por definição, são incapazes de amadurecer ou se desenvolver. Há uma clara diferença de opiniões entre os psicanalistas sobre o modo de encarar esta questão: se as pulsões agressivas e sexuais são capazes de se desenvolver e amadurecer ou se são completamente incapazes disto. De um lado estão aqueles que veem o *id* como uma "caldeira em ebulição" da energia primitiva, que deve ser dominada ou regulada e mantida sob controle. De outro lado estão aqueles que veem a possibilidade de transformação dos instintos infantis procedendo de forma a lhes dar "acesso à consciência".[9]

Definitivamente, Buda compartilha desta última afirmação. A Roda da Vida, em sua totalidade, é apenas a representação da possibilidade de transformarmos o sofrimento pela transformação da maneira de nos relacionarmos com ele. Como Buda ensinou na sua última exortação ao discípulo Ananda, a iluminação só pode ser alcançada "se te transformares em uma luz para ti mesmo".

Libertar-se da Roda da Vida não significa fugir dela, ensina Buda. Significa a clara percepção de nós mesmos, de todas as variantes da experiência humana: "As coisas não são o que parecem ser" diz o *Lankavatara Sutra;* traduzido para o chinês no ano de 443 d. C. Nem poderiam ser diferentes ... os feitos existem, mas não é possível descobrirmos o seu autor.[10]

A ênfase sobre a ausência de um *agente* específico e autônomo é o aspecto mais característico do pensamento psicológico budista tradicional. É a percepção que transforma a experiência da Roda da Vida. No entanto, tal concepção não está completamente fora dos domínios da psicanálise. Os pensamentos verdadeiros "dispensam o pensador", enfatiza o psicanalista W. R. Bion. Quando os psicoterapeutas se identificam com os seus *insights,* sustenta ele, suas contribuições se tornam "psicanaliticamente inúteis".[11]

É através da ideia dos "pensamentos sem pensador" que a psicanálise se aproxima do ponto de vista budista, pois o que Bion está propondo é a eliminação do narcisismo, possibilidade compartilhada também pelo Budismo. Todo o esforço dos ensinamentos de Buda se volta para a tentativa de transmitir esta possibilidade como algo real. A princípio, Buda relutou até mesmo em tentar comunicar sua descoberta, temendo que ninguém o compreendesse. Mas, finalmente, aceitou sua tarefa e formulou seus primeiros ensinamentos, as Quatro Nobres Verdades: o sofrimento, as causas do sofrimento, a sua interrupção e o caminho para a sua interrupção. A primeira verdade de Buda ressalta a inevitabilidade da humilhação em nossas vidas e a segunda fala da ânsia fundamental que torna tal humilhação inevitável. Sua terceira verdade promete o alívio, e a quarta explica em detalhes a maneira de alcançarmos esse alívio. Em suma, Buda sistematizou a visão de uma psique livre do narcisismo. Suas Quatro Nobres Verdades são a chave para compreendermos a psicologia budista da mente.

CAPÍTULO II

HUMILHAÇÃO: A PRIMEIRA VERDADE DE BUDA

Buda alcançou a iluminação aos trinta e cinco anos, depois de passar seis em luta consigo mesmo. Repousando, meditando e jejuando sob a árvore Bodhi por sete semanas depois da revelação, Buda parecia perplexo com a sua descoberta. Decidira continuar em silêncio, mantendo seus conhecimentos para si, pois presumia que ninguém o tomaria a sério. Parecia relutante em ensinar. Finalmente, depois que o grande deus Brahma lhe implorou três vezes, Buda concordou em revelar seus ensinamentos.

> O *Dhamma* que compreendi é realmente profundo, difícil de ser percebido, difícil de ser compreendido, sereno, sublime. Não pertence à esfera da lógica, é sutil e deve ser compreendido pela sagacidade... Se eu ensinasse este *Dhamma* as pessoas não me compreenderiam. E isto seria cansativo para mim...
>
> Com dificuldade eu compreendi. Não há necessidade de anunciá-lo agora. Este *Dhamma* não é facilmente compreendido por aqueles que estão dominados pela luxúria e pelo ódio. Os que estão obcecados pela luxúria, ocultos nas trevas, não veem este *Dhamma,* que desliza contra a corrente, que é obscuro, profundo, difícil de ser percebido e sutil...

Quando assim refleti, minha mente se voltou para a inércia e não para o ensinamento do *Dhamma*.[1]

Por fim, Buda se compadeceu e iniciou um período de quarenta e cinco anos de peregrinações e ensinamentos. No entanto, a sua hesitação inicial nos obriga a refletir, enquanto tentamos entender suas descobertas no contexto da psicologia contemporânea. Os ensinamentos de Buda ainda "deslizam contra a corrente", são "difíceis de ser compreendidos" e "não pertencem à esfera da lógica." Eles não soam como algo que gostaríamos de ouvir. Em termos psicológicos, a primeira verdade de Buda fala realmente sobre a inevitabilidade da nossa humilhação. Seus *insights* nos lançam o desafio de examinarmos a nós mesmos com uma sinceridade que preferiríamos evitar.

O QUE BUDA NOS ENSINOU

Há muitos anos, meu tio Howard – executivo da IBM, descrente, apreciador de Bach, de seu violino, de comida chinesa e de minha tia – morria de leucemia no Centro Sloan-Kettering para tratamento do câncer. Suas reflexões a respeito da iminência da morte surgiam-lhe impregnadas de uma súbita compreensão. Destruído pela dor, magro e frágil, seu corpo começava a entrar em colapso. Mesmo assim, com um vago e triste sorriso, ainda pôde murmurar à sua mulher: "Pelo menos não terei de ir ao banheiro outra vez." Tal como Beckett teria dito: esta é a condição humana.

Em seus ensinamentos sobre o sofrimento, Buda mostrou claramente que todos nós devemos esperar por algum tipo de humilhação. É esta a verdade que ele pressentiu que poderia ser compreendida por aqueles com "pouca poeira nos olhos." Não importa o que façamos, ensina Buda, não podemos alimentar a ilusão de nossa autossuficiência. Todos nós estamos sujeitos à decadência, à velhice, à morte, ao desapontamento, às privações e às doenças. Todos nos empenhamos em uma inútil batalha pela preservação da nossa imagem. As crises em nossas vidas inevitavelmente revelam a real impossibilidade de tentarmos controlar os nossos destinos. De alguma maneira, estamos todos na mesma situação de meu tio, suspensos entre a decadência e a morte.

As Quatro Nobres Verdades tomam esta vulnerabilidade como ponto de partida, cultivando a humildade a partir das humilhações aparentemente opressivas e inevitáveis da vida. Distante de ser, como vem sendo definida, uma religião pessimista, o Budismo é, de fato, inflexivelmente otimista. Todas as afrontas ao nosso narcisismo podem ser superadas, anuncia Buda. E isto pode ser conseguido se não fugirmos delas, se abandonarmos a crença em um "eu" que precisa de proteção. Os ensinamentos das Quatro Nobres Verdades descrevem esta possibilidade em detalhes. Não se referem tanto à religião (no sentido ocidental do termo), mas a uma visão da realidade que encerra um plano viável para o alívio psicológico. Ao colocar a necessidade de um eu "sólido" exatamente no centro do sofrimento humano, o Budismo promete um tipo de alívio que está além do alcance do método psicoterápico, realizando-o através de técnicas de autoanálise e treinamento mental desconhecidas no Ocidente. A felicidade é uma possibilidade real, ensina Buda, se nos mostrarmos capazes de penetrar o nosso próprio narcisismo.

DUKKHA

Buda revelou seus primeiros ensinamentos – preservados em uma *Sutra* – reverenciada coleção de provérbios intitulada *Setting in Motion The Wheel of Truth* (*Dhammacakkappavattana Sutta*) – em uma aldeia conhecida atualmente como Sarnath, fora dos limites da antiga cidade indiana de Benares, tendo sido ouvido por cinco ascetas com quem praticara antes de atingir a compreensão. Era como se testasse sua habilidade em passar seus conhecimentos aos velhos e abnegados companheiros com os quais havia rompido anteriormente. "Pois bem, Irmãos", anunciou, "esta é a Nobre Verdade do Sofrimento!"

Nascer é sofrimento, a decadência é sofrimento, adoecer é sofrimento, a morte é sofrimento, o arrependimento, a lamentação, a dor é sofrimento, a aflição e o desespero são sofrimento, estar unido ao desagradável é sofrimento, estar separado do que é aprazível é sofrimento, não conseguir aquilo que desejamos é sofrimento. Em resumo, os cinco agregados* do apego (a base para a personalidade humana) são sofrimento.²

Embora "sofrimento" seja a palavra que se convencionou usar como tradução para *dukkha,* na verdade não é a mais adequada. Uma tradução mais precisa seria algo com o sentido de "insatisfação difusa." Aqui, Buda se refere a inúmeras questões. Para ele, a vida é preenchida por um sentimento de insatisfação difusa que tem sua origem em pelo menos três fatores.

Em primeiro lugar, a enfermidade física e a angústia mental são fenômenos inevitáveis em nossas vidas: a velhice, a doença e a morte se chocam com nossas melancólicas fantasias de imortalidade e nos causam um grande desprazer. Em segundo lugar, nossas próprias preferências e antipatias nos levam a sentir o *dukkha.* Não conseguir o que se deseja nos causa insatisfação, estar amarrado àquilo que não se deseja ou estar afastado daquilo que apreciamos provoca insatisfação. Em terceiro lugar, nossa própria personalidade contribui para essa sensação de desconforto geral. Tal como muitos psicoterapeutas podem testemunhar, e como Buda tão claramente percebeu, nosso próprio eu pode nos parecer insatisfatório. Nós todos experimentamos a torturante

---

* A psicologia do Budismo se preocupou principalmente com o problema do conhecimento. No Budismo primitivo, os Cinco Agregados (*Shandhas*) constitutivos do homem correspondem a cinco elementos do processo cognitivo: l) formas; 2) percepções; 3) imagens mentais; 4) vontade; 5) consciência – Fonte: Enciclopédia Mirador. (N. da T.)

sensação de imperfeição, transitoriedade, incerteza, inquietação, e todos nós ansiamos pela resolução mágica desse "des-conforto". Desde muito cedo, a criança está à mercê de uma desmedida angústia, que sobrevive no adulto através da sensação de fracasso ou da incapacidade de lidar com a realidade. Suspensos entre dois temores opostos – o do isolamento e o da dissolução – nunca temos a certeza de onde estamos. Buscamos a definição ora na independência, ora em um relacionamento, mas sentimos como se de repente o chão pudesse desaparecer sob os nossos pés. Nossa identidade nunca está tão definida quanto gostaríamos que estivesse.

A IMAGEM DO EU

O mito grego de Narciso extrai sua força justamente da profunda incerteza sobre a realidade do eu. Enamorado de sua própria imagem, incapaz de se afastar de seu reflexo no lago, Narciso morre num estado de profunda apatia. A força de sua própria imagem é tamanha que Narciso se abandona a ela, fascinado pela perfeição que lhe alivia o sentimento de não-realidade e lhe oferece algo sólido (aparentemente) onde se agarrar. Não apenas o reflexo era ilusório, claro, mas Narciso pereceu porque estava atraído pela imagem da perfeição.

Tornemos a considerar o enfoque budista sobre a fascinação pela imagem do eu, tal como articulada por Buda em seu primeiro ensinamento:

> Toda preocupação com o eu é vã; o ego é como uma miragem e todas as tribulações que o acometem cessarão. Desaparecerão como um pesadelo desaparece quando aquele que dorme desperta. Aquele que despertou está livre do medo, transformou-se em Buda. Ele sabe que todas as suas preocupações e ambições são vãs, e vãs também são suas penas. É muito comum que um homem, enquanto se banha, pise em corda molhada e imagine que seja uma

serpente. O horror tomará conta dele e ele ficará trêmulo de medo, antecipando em sua mente a agonia causada pela mordida venenosa da cobra. Que alívio este homem experimentará ao perceber que a corda não é uma serpente. A causa de seu temor reside em seu erro, sua ignorância, sua ilusão. Se a verdadeira natureza da corda é reconhecida, a tranquilidade retomará à sua mente. E ele sentirá o alívio. E ele sentirá a alegria e a felicidade.

Este é o estado mental de alguém que reconhece que não existe o eu, que a causa de todos os seus problemas, preocupações e frivolidades é uma miragem, uma sombra, um sonho.[3]

A meditação budista está longe de ser, como muitos psicanalistas e eruditos rotularam, uma busca narcisista. Aproxima-se, isto sim, de uma tentativa de transpor e expor o narcisismo em todos os lugares onde ele habitualmente se refugia. Buda vê a nós todos como Narciso, pasmos e fascinados com nosso próprio reflexo, apáticos e em busca da autossuficiência, lutando desesperadamente contra tudo que faça lembrar a nossa natureza efêmera e relativa. Sua mensagem é um chamado para o despertar. Buda procura nos afastar de nossos devaneios narcisistas, desviando a nossa atenção das preocupações com a sustentação de uma inevitável sensação de imperfeição do eu para o conhecimento do que ele chama de "a Nobre Verdade".

O parto, a velhice, a enfermidade e a morte são repulsivos não apenas por serem dolorosos, mas também pelo fato de serem humilhantes. Eles violentam nosso amor-próprio e são uma punhalada em nosso narcisismo. Em um de seus primeiros escritos sobre este assunto, Freud reconheceu que a incapacidade de tolerar verdades desagradáveis a respeito de si mesmo está na essência do narcisismo. Os ensinamentos de Buda fazem desta observação o fundamento de sua psicologia. Todos nós estamos sujeitos a esta tendência, ensina Buda. Não queremos admitir a falta de coragem em nós mesmos e, no lugar dela, tentamos projetar uma imagem de perfeição ou de autossuficiência. O paradoxo é que, à medida que sucumbimos a este impulso, afastamo-nos de nós mesmos e nos tornamos *inautênticos*. O narcisismo exige que mantenhamos aprisionada a verdade sobre nós mesmos.

A VOZ DO ANALISTA

Os psicanalistas vêm, é claro, se deparando com este sentimento universal de inadequação, e têm discutido esta questão – sem qualquer contribuição de Buda – de muitos ângulos importantes, cada um dos quais enriquecendo sobremaneira a declaração budista a respeito do *dukkha*. Como todo movimento novo surgido dentro desta área, as explicações para o descontentamento universal têm igualmente se transformado, de modo que, no geral, existe uma tendência para o afastamento de uma etiologia da sexualidade e a aproximação de uma etiologia das emoções. Enquanto Freud e, a seguir, Wilhelm Reich exploraram a origem sexual da insatisfação difusa, fases subsequentes do pensamento enfatizaram as restrições na capacidade de amar como a principal causa para o sofrimento humano. Considerando estes pontos de vista, poderíamos reescrever as palavras de Buda da seguinte maneira: "Nascer é sofrimento, a decadência é sofrimento, adoecer é sofrimento, a morte é sofrimento, a busca pela satisfação definitiva através da sexualidade é sofrimento, não ser capaz de amar é sofrimento, não ser suficientemente amado é sofrimento, não ser compreendido é sofrimento, não compreender a si mesmo é sofrimento."

Freud explicou a universalidade do sofrimento humano pela coexistência de dois fatores irrefutáveis: em primeiro lugar, o desamparo e a dependência da criança; em segundo lugar, a prematuridade psicossexual da mesma criança. As crianças têm impulsos sexuais incompatíveis com a sua capacidade genital; elas desejam sexualmente aos pais, mas estão impossibilitadas de conseguir satisfação com eles e, assim, sofrem de um contínuo sentimento de inadequação. Esses desejos sexuais da infância não poderão nunca se realizar, e muitos adultos são incapazes de aceitar em seu lugar, a satisfação sexual madura, e se sentem compelidos a procurar algum tipo de realização sexual imaginária e inatingível ansiada desde a mais tenra infância. Como Freud escreveu:

> Este primeiro despertar da vida sexual infantil... chega a um fim sob as circunstâncias mais angustiantes e acompanhada dos sentimentos mais dolorosos. A perda do amor e a sua insuficiência deixam atrás de si danos permanentes à autoestima sob a forma de uma cicatriz narcisista que, na minha opinião ... contribui mais que tudo para o 'sentimento de inferioridade' tão comum aos neuróticos".[4]

Os terapeutas constantemente observam os vestígios dessa condição descrita por Freud. São, de muitas maneiras, exemplos do que é estar preso ao Reino Animal na Roda da Vida. Uma amiga minha, chamada Amy, é um desses exemplos. Atriz bem-sucedida, Amy estrearia em uma nova peça que era, provavelmente, seu maior desafio. Seus pais decidiram sair de férias justamente neste período, indo à Costa Oeste, onde sua filha mais nova vivia com o marido e seu bebê de um ano. Este comportamento não era novo nos pais de Amy. Era comum que estivessem ausentes nos momentos mais importantes da carreira da filha, e conseguiriam perder a temporada completa desta peça também, visto que passar as férias com o neto parecia ser mais importante para eles. A reação inicial de Amy, bastante compreensível, foi sentir-se desprezada e inadequada. A falta de interesse de seus pais por seu trabalho e a incapacidade deles para apreciá-lo reabriu uma antiga ferida. No fundo, esse acontecimento a fazia reviver seu desejo mais primitivo (Freud diria "erotizado"), que era conseguir a eterna admiração dos pais, e isto ameaçava torná-la incapaz de sentir *qualquer* satisfação com suas conquistas atuais. Era como se a única opinião realmente importante fosse a de seus pais.

Para Freud, a essência do narcisismo está no "intransponível hiato entre o desejo e a satisfação": o adulto jamais poderá satisfazer as fantasias sexuais da infância.⁵ Para o Budismo, esta seria uma explicação psicodinâmica para, ao menos, a segunda das tradicionalmente chamadas "duas enfermidades", a saber: a crença em um eu fixo e permanente (a *enfermidade interna*) e o desejo por um objeto "real" (*enfermidade externa*). Nenhum objeto (ou pessoa) jamais poderia se sentir suficientemente real, a menos que pudesse de fato satisfazer o desejo inicial pela união sexual com um dos genitores. Sem esta satisfação, o assim chamado objeto dá sempre a impressão de estar incompleto, ou, de não ser suficientemente real.

Reich abraçou a ideia de uma etiologia sexual para o descontentamento ainda mais concretamente do que Freud. Mantendo-se aberto para a possibilidade de que relações sexuais completamente satisfatórias podem ocorrer, Reich fez da satisfação sexual direta o objetivo terapêutico de seus tratamentos, e se concentrou sobre a "couraça muscular", ou rigidez, que é capaz de diminuir a vazão sexual satisfatória e que pode tornar "o ritmo entre tensão e relaxamento impossível."⁶ O interesse de Reich repousava sobre o modo como carregamos e perpetuamos a inadequação em nossos próprios corpos. Seu objetivo era revelar o caráter, tornando a pessoa menos rígida, mais "maleável" e espontânea, mais disponível para a experiência emocional e, principalmente, sexual. Usando a terminologia da Roda da Vida, Reich tentou passar do Reino Animal do desejo para o Reino Divino da satisfação.

Com a evolução do pensamento psicanalítico, as ideias de Reich sobre a couraça muscular partiram de uma ênfase sobre as inibições da vazão sexual e, de certo modo, foram se ajustando em direção a uma preocupação maior com as inibições do coração humano. Otto Rank nos contemplou com um importante elo de ligação, muitas vezes negligenciado, entre esses dois pontos de vista. Com Rank, a teoria deslocou seu foco de atenção do orgasmo genital para um tipo de orgasmo do ego, descrevendo a maneira como o ego tenta "libertar a si mesmo" através de suas relações amorosas, libertando-se das tensões internas e inibições "servindo-se" de outra pessoa para o sexo ou o amor. Para Rank, "o ego está sempre pronto a se desembaraçar de sua estrutura de ego em relações de objeto tão logo encontre objetos e situações adequados aos seus propósitos."[7] Quando o ego não é capaz de "se desembaraçar de sua estrutura", quando a sua capacidade de amar é interrompida devido ao medo, à insegurança ou à confusão, a pessoa se isola em sua individualidade, dela se tornando prisioneira. Onde não há este alívio e onde não há ritmo entre tensão e relaxamento não pode haver a liberdade necessária para o estabelecimento de vínculos, nem a perda das fronteiras do ego, nem a fusão que caracteriza todas as formas de amor. Sem isto, a pessoa experimenta a ela própria apenas em seu isolamento, não conectada, e a individualidade se torna o equivalente da angústia, ao invés de ser compreendida como uma parte essencial e inseparável do contínuo processo de separação e união.

Assim como Rank descreveu, a raiz do nosso sofrimento está num tipo de angústia causada pela separação original, que ele denominou "medo da vida." Temermos aquilo que já aconteceu e é irrevogável – a separação do grande todo – e, além disso, tememos perder também, na morte, esta preciosa individualidade. "Colocado entre estas duas assustadoras possibilidades", escreveu Rank, "estes dois polos do medo, o indivíduo é arremessado de um lado para o outro durante toda a sua vida, o que explica o fato de não termos sido capazes de remontar a uma raiz única do medo, ou de superá-lo terapeuticamente."[8]

E quanto ao temor da individuação e isolamento? Não é esta a saída para as inseguranças do eu, que Buda acreditava ser tão importante? Narciso não está tentando eliminar tais medos através de sua fixação na imagem de si mesmo? O anseio por um eu verdadeiro, eterno e imutável não surgiu justamente para fazer frente a este medo? A questão da inautenticidade, de um eu inquieto, inseguro e questionador passou a dominar o pensamento psicanalítico do nosso tempo. Também tornou os ensinamentos de Buda relevantes, porque, depois de sua hesitação inicial, Buda falou explícita e objetivamente sobre a questão da confusão da identidade.

Mais do que qualquer outro analista, D. W Winnicott explorou a questão do eu isolado. Consciente, acima de tudo, da fragilidade do indivíduo que está por emergir, e da necessidade que tem de receber um apoio silencioso no difícil processo de crescimento, Winnicott foi um mestre ao esclarecer o modo pelo qual nós nos reprimimos, para agir de acordo com as exigências que nascem da ansiedade dos pais, e não das necessidades da criança. "Impomos a nós mesmos uma coerência"[9], ensina Winnicott, quando o ambiente criado pelos pais não é suficientemente flexível para tolerar nossas quedas e permitir que nosso ego se revele. A esta *coerência imposta* Winnicott denominou "Falso Eu." Análogo à couraça muscular de Reich, o falso eu de Winnicott oferece proteção contra a exploração ou a falta de interesse. "É uma forma primitiva de autossuficiência, na ausência de atenção e carinho"[10], uma estratégia de "submissão"[11] que permite à pessoa sobreviver enquanto se protege de um ambiente familiar indiferente. Para Winnicott, e para os terapeutas que seguiram a sua linha de pensamento, a rigidez do falso eu é responsável pelo contínuo sentimento de insatisfação. Prematuramente separadas dos cuidados da mãe em relação à sua nutrição física e psíquica, as pessoas perdem o contato com seus próprios corpos e se refugiam nos confins de suas mentes. O ato de pensar passa a ser o substrato da sensação do eu. No entanto, esta é uma acomodação frustrante e dissociativa, uma solução imperfeita que perpetua a privação original e reforça a noção de uma mente isolada, incapaz de vigor ou espontaneidade. *Dukkha*, para Winnicott, é o isolamento permanente do indivíduo.

HORIZONTES PERDIDOS

Todas estas teorias compartilham a ideia de um estado original de perfeição, fantasiado ou real, pelo qual as pessoas se esforçam mas que permanece eternamente inatingível. Seja esse estado a satisfação sexual imaginária da fase genital, descrita por Freud, ou a experiência precoce da fluida harmonia entre a mãe e a criança, todas as teorias sugerem que a pessoa tende a rejeitar os prazeres relativos em favor de uma fantasia irrealizável. "O que ela projeta diante de si como seu ideal é meramente o substituto para o narcisismo perdido de sua infância", diz Freud, "o período no qual ela era seu próprio ideal."[12] Em certos casos, quando tal padrão de busca se repete vezes suficientes, o indivíduo inicia a psicoterapia.

Na perspectiva budista, explorar este padrão de comportamento, tal como ocorre na maioria das terapias, é apenas o começo. Em essência, a pessoa deve encontrar um modo de confrontar, ou tolerar, sua inata sensação de incerteza. Sara, uma velha amiga minha, recusou-se a tratar a sua versão para a incerteza por tanto tempo que muitos de seus amigos pensaram que ela jamais romperia com esse padrão. Durante um período de quase vinte anos, Sara viveu uma sucessão de paixões obsessivas por homens supostamente comprometidos, mas que, em sua maioria, ela conseguiu que estivessem disponíveis ao menos sexualmente. Para conquistar estes homens, ela desenvolveu a capacidade de renunciar a si mesma, o que, por outro lado, escapou de seu controle e acabou por afetar a sua vida. Era capaz de abandonar a si própria em função desses homens, de tal modo que cada relacionamento parecia absolutamente essencial para a sua felicidade, como se ela extraísse deles algum tipo de energia poderosa que a revigorava, dando sentido à sua vida. Contudo, embora conseguisse triunfar sobre a resistência desses homens e submeter-se a eles ao mesmo tempo, cansava-se deles assim que conseguia levá-los para a cama. Sara iniciava cada relacionamento pensando que *aquele* seria *definitivo*, a experiência que buscara e ansiara por toda a vida. E ela sempre se desapontava.

É difícil saber se Sara estava repetindo um relacionamento edipiano com um pai inacessível ou se estava tentando redescobrir a experiência da primitiva e harmônica relação mãe-filho, que fora deficiente em sua infância. Contudo, seu comportamento era incontestável. Além de sentir-se realmente incompleta, Sara sentia uma enorme dificuldade para assumir seu ego em relacionamentos amorosos, *exceto* sob as condições extremas da conquista de um homem comprometido. Expor suas inseguranças em um relacionamento mais sincero e duradouro parecia muito perigoso para ela, que temia sentir-se humilhada caso revelasse a si mesma. A despeito dos pedidos de seus amigos, Sara resistiu à ideia de fazer terapia. Eternamente em busca de uma fantasia impossível, Sara estava correndo atrás de sua própria cauda, girando incessantemente no centro da Roda da Vida, tal como o cerdo, a serpente e o galo. Buscando o estado de perfeição que idealizara e que não era capaz de lembrar, Sara ainda não chegara a um acordo com a sensação de ser incompleta. Ela precisava não apenas investigar esses sentimentos, mas também aprender *como* tolerar o que viesse a descobrir. A terapia pôde ajudá-la a perceber os seus padrões de comportamento, mas foi a meditação que lhe proporcionou as condições para aceitar sua difícil situação.

CONHECER A NÓS MESMOS

O enfoque budista pressupõe uma profunda insegurança existencial que ultrapassa a dimensão de uma história individual. Enquanto a psicanálise sublinhou o caminho através do qual a insegurança dos pais pode ser transmitida para a criança, o Budismo enfatizou a impossibilidade inerente de decifrarmos quem ou o que somos, com ou sem as atenções de uma mãe "suficientemente boa". Gostaríamos de conhecer a nós mesmos sem correr riscos, gostaríamos de ter certeza do que somos, mas nos frustramos porque existe desde o princípio uma contradição essencial. Assim como a física moderna mostrou que o observador inevitavelmente distorce aquilo que observa, nós também, na posição de sujeitos, jamais poderemos conhecer satisfatoriamente a nós mesmos como objetos. Incapazes de examinar a nós mesmos indivisivelmente, temos de nos observar ora como sujeito, ora como objeto; ora como aquele· que conhece, ora como aquele que é conhecido.

A amadurecida separação entre sujeito e objeto propõe um problema que a simples fusão, como recurso das relações amorosas, não resolve adequadamente. Como o professor de religião Richard De Martino explicou na clássica colaboração *Zen Buddhism and Psychoanalysis*, "O ego se torna naturalmente confuso ao ser obrigado a cumprir a tarefa de 'ser alguma coisa'. Tentando, na qualidade de sujeito, enfrentar a tarefa de encontrar a si mesmo, ele visualiza uma imagem-objeto de si mesmo."[13] No entanto, esta é uma solução inútil e insatisfatória para o problema. A "imagem-objeto" é sempre deficiente, precisamente porque nunca pode responder adequadamente pelo sujeito. Assim como Freud notou que as relações sexuais sempre nos deixam ligeiramente incompletos, a imagem-objeto nunca está à altura da experiência real.

A solução de Buda para este dilema é encorajar o "não-saber". "Conserve essa mente que 'não sabe' de nada!", grita o mestre Zen. Cultivem a "fé na dúvida", encoraja o autor budista contemporâneo Stephen Batchelor. Ou como Takasui, mestre Zen japonês do século XVII, ensinou:

> Você deve duvidar profundamente, muitas e muitas vezes, perguntando a si mesmo *o que poderia ser o sujeito que escuta*. Não preste atenção aos vários pensamentos ilusórios e às ideias que possam lhe ocorrer. Simplesmente duvide mais e mais profundamente, reunindo no seu interior todas as energias que estão dentro de você, sem almejar nada, sem esperar obter nada mais adiante, sem pretender ser iluminado e sem nem mesmo pretender não ser iluminado. *Seja como uma criança em seu próprio seio* [Grifo do autor].[14]

O que significa "seja como uma criança em seu próprio seio"? Será o retorno ao seio da mãe, antes da perda da fusão, como tantos analistas ocidentais interpretaram a mensagem budista? Será simplesmente outra versão do mito de Narciso – buscando o eu dentro de seu próprio seio? Ou há uma diferença?

Afinal, Takasui não está estimulando aquele que medita a ser como uma criança ao seio *de sua mãe*. Ele propõe algo novo, algo que parece, ao primeiro olhar, impossível.

De acordo com os budistas, dúvidas sobre o eu são inevitáveis e surgem com o processo de amadurecimento. Há um modo de examiná-las e também de solucioná-las, afirmam eles, indo *de encontro* à dúvida, ao invés de fugir dela; rompendo premeditadamente com as estruturas existentes, em lugar de tolerá-las. A Primeira Nobre Verdade de Buda nos pede para aceitar, acima de tudo, as incertezas que tentamos ignorar. Assim fazendo, podemos apreciar o restante da psicologia de Buda.

CAPÍTULO III

ÂNSIA: A SEGUNDA VERDADE DE BUDA

Um paciente meu, muito rico, me confessou que depois de uma refeição digna de um *gourmet,* suspira por uma taça de conhaque. Depois do conhaque, um cigarro; depois do cigarro, começa a pensar em fazer amor; depois de fazer amor, quem sabe, outro cigarro. Logo depois, vem a vontade de dormir, de preferência sem que nenhum sonho o perturbe. A procura de satisfação através dos prazeres sensoriais raras vezes tem um fim.

A Segunda Nobre Verdade de Buda se baseia nesta experiência. Isto é tradicionalmente descrito como a verdade do "surgimento do *dukkha*", e sua ideia central é a de que a *causa* do sofrimento é a *ânsia* ou *desejo.* Buda descreve dois tipos de ânsia, cada uma delas tendo seu paralelo no pensamento psicodinâmico. A primeira, a ânsia pelos prazeres sensoriais, podemos compreender imediatamente. É esta que, à primeira vista, o meu abastado paciente parece descrever com a sua experiência. A segunda, que Buda chamou de desejo pela *existência* e *não-existência,* é o que hoje chamaríamos de *ânsia narcisista:* o desejo de uma imagem fixa do eu, seja como algo, seja como nada. É a ânsia de nos sentirmos seguros, não importa onde esta segurança possa ser encontrada: no devir ou na morte. Desconfio que, por trás do desejo de sexo, meu paciente escondia o anseio pela fusão com Eros, que Buda teria chamado de desejo pela existência. Ansiar por um sono sem pesadelos esconde a ânsia pelo esquecimento, que Buda reconhecia como desejo pela não-existência. Os dois tipos de anseios estão intimamente ligados: os prazeres sensoriais são frequentemente o veículo para a expressão de desejos mais profundos.

O PRINCÍPIO DO PRAZER

A ânsia pelos prazeres dos sentidos é, de inúmeras maneiras, o equivalente budista para o *princípio do prazer* de Freud. Segundo Freud, tão logo nascemos temos a tranquilidade de nossa vida interrompida pela necessidade de alimento, assistência, afeto, e assim por diante. Tudo de que necessitamos é inicialmente providenciado (pela mãe) como num passe de mágica, despertando na criança a sensação de onipotência e absoluto controle. Este sentimento de que cada necessidade pode ser imediatamente satisfeita, cada prazer sensorial, imediatamente obtido, cada sensação desagradável, imediatamente interrompida, é a base tanto da ânsia narcisista quanto do desejo pelos prazeres dos sentidos. Este é o primeiro princípio organizador da psique humana, o *princípio do prazer,* mas sua persistência, segundo Buda e Freud, pode ser a fonte de muitos distúrbios emocionais. Assim como Freud escreveu:

> Somente a não ocorrência da satisfação esperada, a experiência frustrada, leva ao abandono da tentativa de satisfação por meio da alucinação. Em seu lugar, o aparato psíquico decide formular uma concepção das circunstâncias reais do mundo exterior e se esforça para fazer uma verdadeira alteração nelas. Um novo princípio de funcionamento mental é assim introduzido; o que está presente na psique não é mais o que é agradável, mas o que é real, mesmo que seja desagradável. Esta estrutura do *princípio de realidade* prova ser um avanço significativo.[1]

Experiências de prazer sensorial, que são inerentemente agradáveis, não estabelecem por si só o princípio de realidade.

No entanto, porque não podem ser levadas em conta, a ingênua confiança no prazer tem de ser suplantada. Semelhantemente, o ponto de vista budista não se baseia na *negação* do prazer: não recomenda a rejeição das experiências agradáveis, mas apenas desaconselha o apego a elas como fonte de satisfação máxima. Por serem de natureza temporária e inconstante, essas experiências nunca satisfazem plenamente o anseio por uma certeza, que todos nós sentimos. A Segunda Nobre Verdade nos encoraja a reconhecer a frustração inerente à busca insaciável por alívio e satisfação, que a maioria de nós inicia não apenas para conseguir alguma gratificação, mas para obter uma compensação para as nossas inseguranças e incertezas. Os prazeres dos sentidos libertam nossa mente dessa difícil situação, mas tornam-na dependente deles, perpetuando esta mesma insatisfação que pretendem aliviar.

Similarmente, os ensinamentos de Buda podem ser interpretados como uma tentativa de estabelecer este *princípio de realidade* em relação ao eu aparente. Assim como distorcemos a verdadeira natureza das experiências de prazer sensorial, também estamos constantemente distorcendo a sensação do eu, inflando-o ou desinflando-o na tentativa sem-fim de fixar na mente uma imagem satisfatória do eu. Enquanto a psicanálise mapeou o terreno onde ocorrem a expansão e retração do eu, o Budismo as vê como a inevitável aflição da mente ganânciosa.

INCERTEZA

Buda estava empenhado em descobrir como escapar justamente a este tipo de sofrimento autogerado, e evitar a armadilha da autolatria ou da desvalorização de si mesmo. É neste ponto que a parte subsequente da Segunda Nobre Verdade – o desejo pela existência e não-existência – se torna relevante. Buda, devemos lembrar, não nos ensinou uma psicologia especulativa, mas uma psicologia prática, delineada para libertar seus praticantes da insatisfação. "Eu não ensino teoria", disse ele, "eu analiso."[2] Buda se recusou a responder questões que teriam alimentado a tendência para a dependência de algum tipo de ideal romântico absoluto ou possibilitado o distanciamento niilista, duas tendências que estão subordinadas aos conceitos de existência e não-existência, e que se tornaram a base para muitos dogmas religiosos, psicológicos e filosóficos poderosos. Houve, de fato, quatorze assuntos que Buda repetidamente se recusou a discutir, e todos buscavam a certeza absoluta:

1) Se o mundo é eterno, ou não, ou ambos, ou nenhum dos dois.
2) Se o mundo é finito (no espaço), ou infinito, ou ambos, ou nenhum dos dois.
3) Se um ser iluminado existe depois da morte, ou não, ou ambos, ou nenhum dos dois.
4) Se a alma é idêntica ao corpo ou diferente dele.

Buda ensinou que buscar uma resposta definitiva para estas questões daria uma ideia errada, que serviria apenas para alimentar a tendência de nos apegarmos ao que é absoluto ou de rejeitarmos a tudo de modo niilista, e nenhuma das duas lhe parecia útil. Ele nunca pregou a existência de um eu verdadeiro, nem jamais apoiou a ideia de um universo caótico no qual "nada importa" e as ações individuais não têm nenhum valor. No lugar disto, encorajou a dúvida constante em relação a todas as suposições fixas sobre a natureza das coisas. Em um ensinamento dado a um cético seguidor de nome Malunkyaputta, Buda comparou o questionamento sobre a natureza definitiva das coisas a um homem ferido por uma flecha que se recusasse a deixar que lhe retirassem a flecha até que todas as suas questões sobre quem era o assassino, de onde ele vinha, como ele era, que tipo de arco estava usando e o que fazer da flecha tivessem sido discutidas. "O homem morreria, Malunkyaputta", enfatizou Buda "sem nunca ter aprendido isto."[3]

Aplicando a mesma lógica às questões psicológicas mais profundas sobre a natureza do eu, Buda resistiu, igualmente, em se deixar aprisionar. Quando um andarilho de nome Vacchagotta lhe perguntou diretamente se havia ou não um eu, Buda permaneceu "terapeuticamente" silencioso. Depois, explicou ao seu discípulo Ananda (com frequência, o beneficiário dos ensinamentos de Buda nos Sutras) que não havia uma maneira de responder à questão daquele homem sem reforçar uma visão equivocada sobre o eu.

> Se eu, Ananda, ao ser perguntado pelo andarilho, Vacchagotta, se há um Eu, respondesse que há um Eu, isto, Ananda, seria concordar com aqueles brâmanes e anacoretas que são Eternalistas. Se eu, Ananda, ao ser perguntado pelo andarilho, Vacchagotta, se não há um Eu, respondesse que não há um Eu, isto, Ananda, seria concordar com aqueles brâmanes e anacoretas que são Aniquilacionistas ... O andarilho, Vacchagotta, já confuso, teria ficado ainda mais confuso (e teria pensado): "Anteriormente não havia um Eu para mim? Agora deixou de existir."[4]

GRANDIOSIDADE E VAZIO

Há algo estranhamente familiar para o ouvido ocidental na constante recusa de Buda em endossar um lado ou outro de uma dualidade hipotética: nem eu nem não-eu, nem adesão nem condenação, nem existência nem não-existência. Embora, nos tempos de Buda, não tenha existido uma linguagem psicológica *como nós conhecemos* – nada sobre narcisismo, delírios de grandeza, depressão de abandono ou espelhamento (*mirroring*) –, havia sistemas filosóficos altamente desenvolvidos que, em muitos casos, adotaram conceitos psicológicos semelhantes. Buda parece ter captado a dimensão psicológica inerente a estes sistemas; ele fala, usando a linguagem da Segunda Nobre Verdade, sobre o desejo por uma existência ou não-existência de forma *psicológica,* o que no Ocidente chamaríamos, respectivamente, de delírio de grandeza e vazio, e que conduzem a um insolúvel e difuso sentimento de insatisfação. Assim como os psicanalistas ocidentais reconheceram a falsidade de cada extremo, Buda e os grandes psicólogos budistas que seguiram os seus passos recomendaram o Caminho do Meio, ou seja, nem um nem outro.

Exatamente como os filósofos da época de Buda poderiam ser definidos como eternalistas (que acreditavam em um paraíso imortal, em Deus ou em um eu verdadeiro) ou aniquilacionistas (que acreditavam apenas na ausência de sentido ou falta de propósito da vida), a psique humana encontra conforto em adotar alternadamente um ou outro destes pontos de vista, que são, de fato, os dois polos do falso eu, a saber: o eu grandioso, que se desenvolve de acordo com as exigências dos pais e que necessita de constante admiração, e o eu vazio, sozinho e exaurido, isolado e inseguro, consciente apenas do amor que nunca lhe foi dado. O eu grandioso, embora frágil e dependente da admiração dos outros, acredita ser onipotente ou autossuficiente, e então se refugia na indiferença ou no distanciamento. Quando ameaçado, agarra-se a outra pessoa idealizada, da qual espera recuperar seu poder. O eu vazio se agarra desesperadamente àquilo que acredita poder mitigar a ausência de sentido de sua vida, ou se retira para um improdutivo vácuo onde nada o poderá alcançar, o que reforça a crença em seu desvalor. Nenhum dos dois se sente inteiramente satisfeito, mas diante da força com que somos governados pelas exigências do falso eu, não podemos vislumbrar outra alternativa.

Se Buda tivesse respondido que há um Eu, teria reforçado o orgulho daquele que lhe fizera a pergunta, isto é, a noção idealizada de possuir algo permanente, imutável e especial. Se tivesse respondido que, na verdade, não há Eu algum, teria fortalecido em seu questionador a sensação de isolamento e vazio, a crença sem esperanças na sua nulidade pessoal. Quando indagado por outro seguidor a respeito da decisiva questão do narcisismo – "Qual é a essência do eu?" –, Buda respondeu que não existe nem eu nem não-eu, e argumentou que a pergunta em si era incoerente, pois foi feita a partir de um ponto de vista que já presumia o Eu como uma entidade. Por ser um psicoterapeuta influenciado pela perspectiva budista, devo manter-me constantemente alerta para este ensinamento de Buda, mesmo que seja tão difícil de assimilar. As pessoas que vêm para a terapia estão sempre em busca de seu "verdadeiro eu", e muitas vezes exigem do terapeuta uma resposta, da mesma maneira como Vacchagotta exigiu de Buda.

IMPLICAÇÕES PARA A TERAPIA

Muito da confusão de identidade que leva uma pessoa à terapia, ou que surge como resultado da terapia, pode ser compreendida a partir desta perspectiva. As pessoas frequentemente se queixam, na terapia, da sensação de serem inautênticas, com a esperança de libertar-se disto. Se o terapeuta e o paciente avançam rápido demais na tentativa de preencher o vazio que o paciente diz sentir, uma importante oportunidade, do ponto de vista budista, pode se perder. Ao tentar dar forma ao eu – como muitas pessoas influenciadas pela terapia ocidental pensam que deveriam fazer – a oportunidade de trabalhar a polaridade de Buda pode ser desperdiçada. Ao invés de encorajar a descoberta de um verdadeiro eu, a proposta budista é de simplesmente trazer os dois extremos à discussão, eliminando, deste modo, o controle inconsciente que exercem. Este é um princípio que me guiou em muitos dos atendimentos terapêuticos que realizei.

Com pacientes que estão com problemas devido a uma permanente sensação de dúvida ou insegurança, será mais promissor, por exemplo, investigar a forma como se refugiam em sentimentos de autossuficiência e vazio do que tentar lhes fixar uma identidade prematuramente. Esta abordagem deriva diretamente do ensinamento de Buda sobre a Segunda Nobre Verdade, pois as manifestações do falso eu podem sempre ser descobertas no modo como a pessoa se aferra aos mundos da existência e da não-existência. Trazendo este apego à consciência, criamos uma oportunidade para a libertação. Tive uma paciente, uma advogada de trinta e cinco anos chamada Dorothy, que expressou uma versão desta situação através de um sonho especialmente vívido e relativamente comum:

> Eu estava com os pais de alguém. Eles não gostavam muito de mim. Eu tentava dizer algo, mas não conseguia. Simplesmente não era capaz de falar, não conseguia encontrar as palavras certas. Abria minha boca mas as palavras não saíam. E eu me sentia cada vez mais frustrada. Eu só queria chorar ou gritar, mas não conseguia, dei-lhes as costas e parti.

O falso eu é frequentemente simbolizado desta maneira, como uma incapacidade de expressarmos o que realmente queremos dizer. A principal preocupação de Dorothy em sua infância, do que consegue lembrar, era a de jamais demonstrar qualquer emoção, jamais contar aos pais o que a estava incomodando, devido ao medo que eles sentiam das emoções. Ela precisava ser "perfeita", e por isso se paralisou. Com medo de tornar-se "muito emotiva", Dorothy acabou desconectada de si mesma e, quando adulta, dos outros também. Por agir de acordo com a necessidade de seus pais, terminou por perder o contato com suas próprias emoções, e estava aterrorizada com a possibilidade de restabelecer essa conexão. No ano anterior, atormentada pela entorpecente sensação de não ser autêntica, estivera perigosamente perto do suicídio. Para aqueles que estavam à sua volta ela parecia autossuficiente e indiferente, mas se sentia vazia, desesperada, e afirmou, francamente, não ter a menor ideia de quem fosse. Na verdade, esta incerteza parecia ser o elemento essencial de sua identidade. Em sua aparente autossuficiência e no distanciamento de qualquer demonstração emocional, Dorothy incorporara a extremidade grandiosa do espectro de Buda; em seu secreto desespero, Dorothy exemplificou o polo vazio.

Ao interpretar o sonho de Dorothy, ficou claro que, mesmo com o meu apoio, ela não seria capaz de encontrar as palavras ou emoções para se comunicar com seus pais: seus sentimentos não estavam à sua disposição. O que estava disponível eram as duas alternativas que havia desenvolvido para enfrentar as exigências de seus pais. Ela era capaz de parecer uma autômata desprovida de emoções ou uma pessoa sozinha e isolada que evitava qualquer contato humano. Tão logo essas duas alternativas se tornaram claras em sua mente, Dorothy passou a destruir sua identificação com elas. Isto é compatível com o seguinte ensinamento de Buda: o sofrimento do falso eu deriva do apego aos dois extremos, da autossuficiência e do vazio. Ao trazê-los à consciência, esses mesmos apegos podem ser libertados. De fato, restava a Dorothy bem menos do que uma ideia clara sobre si mesma, mas ela passou a se sentir viva.

A história de Dorothy não é incomum. Durante a infância, todos nós somos forçados a agir de acordo com as exigências egoístas dos nossos pais, que precisam que *representemos* de uma determinada maneira que satisfaça às suas necessidades. Nesses momentos, todos nós tivemos a sensação de que havia algo de errado conosco, e que deveríamos compensar esta falha de qualquer modo. Assim como Dorothy, esforçamo-nos para dar aos nossos pais o que eles precisam, e adaptamo-nos a um destes caminhos *(ou* a ambos): o de superestimar a nós mesmos ou o de negar a nós mesmos, ambos como uma forma de compensação. Em qualquer dos casos, evitamos sentir o menosprezo daqueles que amamos, mas na tentativa de agradá-los afastamo-nos de nós mesmos. Como a terapeuta Alice Miller tão bem descreveu em sua obra *The Drama of the Gifted Child*.

> É um dos momentos decisivos da terapia, quando o paciente atinge o *insight* emocional de que todo o amor que conquistou com tanto esforço e abnegação não foi dirigido a ele pelo que ele realmente era; que a admiração por sua beleza e por suas façanhas era dirigido a esta beleza e a estas façanhas, e não à criança em si.

Na terapia, esta criança pequena e solitária que se esconde atrás das suas façanhas acorda e pergunta: "O que teria acontecido se eu tivesse aparecido diante de vocês, triste, carente, com raiva, furiosa? Para onde o seu amor teria ido então? Eu era todas essas coisas, também. Isto significa que não era realmente a mim que vocês amavam, mas apenas àquilo que eu fingia ser? A criança bem-comportada, confiante, dotada de empatia, compreensiva e adaptada que, de fato, nunca foi uma criança? O que aconteceu à minha infância? Será que eu lhe passei uma rasteira? Nunca mais a terei de volta. Minha infância jamais será reparada. Desde o princípio, fui um pequeno adulto.[5]

O resultado de uma situação como esta é, invariavelmente, uma sensação de vazio e de desesperança, o aterrorizante sentimento de inautenticidade que estilhaça a imagem orgulhosa formada a partir da admiração dos pais pelos talentos da criança. O poder da psicologia de Buda é tal que fala diretamente a este bem documentado aspecto da experiência contemporânea, mas sem culpar exclusivamente os pais. Pois parece que, embora nós ocidentais tenhamos recém descoberto a tendência da psique de balançar entre os dois extremos, Buda já falara sobre isso há muito tempo.

O EU INCOMPREENDIDO

A psicanálise aparentemente depositou toda a culpa por estes resultados nas falhas dos pais, atribuindo os oscilantes sentimentos de grandiosidade e de vazio ao confuso sucesso da criança no lidar com o comportamento ora intrometido ora indiferente dos pais. A expressão *narcisismo patológico* surgiu para fazer a distinção entre a sensação de vazio debilitante e a frágil autoestima de pessoas como Dorothy, e o *narcisismo sadio* dos menos evidentemente desajustados. Contudo, para o professor budista, a ideia de um "narcisismo sadio" é quase um oxímoro. *Qualquer* narcisismo carrega em si a semente dessa dependência aos dois extremos, e todos nós experimentamos isto em diferentes graus de intensidade. É a consequência inevitável da transição do princípio do prazer para o princípio de realidade, uma vez que todos nós continuamos com a ilusão de que nossos desejos serão satisfeitos sem que tenhamos de pedir por eles, que nossas necessidades serão atendidas num passe de mágica. Quando isto não acontece, sentimo-nos contrariados e tomamos a realidade como uma afronta pessoal, entendendo-a como uma rejeição ou como uma ameaça à nossa estabilidade emocional. É numa situação como esta que nós nos escondemos atrás das posturas de indiferença ou de vazio, como que para nos protegermos do risco da decepção.

Na verdade, ao ensinar a Segunda Nobre Verdade, Buda não reservou o anseio pela existência e não-existência aos patologicamente aflitos. Tal como o anseio pelos prazeres dos sentidos, o desejo pela existência e não-existência é apresentado como um fenômeno universal. Buda não atribui a atração compulsiva pela grandiosidade ou pelo vazio a uma educação inadequada da criança; não há uma fórmula budista que ensine como educar uma criança iluminada, livre do narcisismo. Para a psicologia budista, o narcisismo é endêmico à condição humana; é uma consequência inevitável, ainda que ilusória, do processo de amadurecimento. Os psicólogos budistas veem o narcisismo como essencialmente autógeno, ainda que indiscutivelmente concordem que ele possa ser exacerbado por pais incompetentes. É uma tendência da mente desenvolvida infligir a si mesma uma falsa coerência, apaixonar-se pela *imagem* do eu, apropriar-se de uma identidade por meio da identificação com alguma coisa ou com nada, transformar o eu em alguma *outra* coisa além do que realmente é. É esta ânsia pela certeza, esta incompreensão do eu, que confunde a mente. O ego, como sujeito, deseja conhecer a si mesmo com segurança, mas não consegue, e é forçado a fingir, não apenas para satisfazer às exigências dos pais mas para satisfazer a si mesmo. Na tentativa de preservar esta ilusão de segurança, o ego vai e volta entre os dois extremos da plenitude e da vacuidade, na esperança de que um ou outro lhe proporcione a necessária proteção.

A MENTE TRANSPARENTE

Os filósofos e psicólogos budistas têm reconhecido, ao longo dos tempos, quão difícil é impedir que a mente tente encontrar uma certeza quer na imagem da grandiosidade quer na imagem do vazio. Mesmo quando os extremos mais evidentes do falso eu são revelados, há a tendência de substituí-los por versões mais sutis desses mesmos impulsos. Conceitos como os de mente universal, realidade absoluta, eu verdadeiro, consciência cósmica e vácuo fundamental se tornaram conhecidos nas várias escolas de pensamento budistas, para serem abandonados tão logo as tendências mais sutis dessa dependência eram percebidas. O desejo por algum tipo de *essência* do eu era tão forte na época de Buda quanto nos dias de hoje. Como o psicanalista Adam Phillips apontou em *On Kissing, Tickling, and Being Bored,* é extremamente difícil manter uma sensação de *ausência* sem converter essa ausência em algum tipo de *presença*.[6] Na verdade, a escola de pensamento mais influente a se desenvolver na Índia Budista a partir do século II d. C., a escola Madhyamika, fundada por um erudito de nome Nagarjuna e que perdura no Budismo Tibetano até os dias de hoje, admitiu esta mesma dificuldade. Nagarjuna e os eruditos da escola Madhyamika que o seguiram em sua senda sustentavam que *qualquer* afirmação a respeito do eu está fadada a ser uma distorção, porque é da natureza da consciência conceitual substancializar tudo aquilo que esteja tentando compreender. Uma de minhas pacientes, quando tentava convencer sua mente da possibilidade de que nenhum *agente* operava em seu ser, concluiu: "Eu sou um gerúndio." A mente se esforça para transformar em substantivos até mesmo os verbos.

Conforme o Budismo se desenvolveu e se difundiu, tornou-se extremamente difícil manter este ponto de vista tão disciplinado. A ideia de uma "essência de Buda" latente ou de uma "mente" universal e transparente, que permeia e une todos os seres, fez os ensinamentos de Buda parecerem mais acessíveis, e permitiu que as concepções do eu se voltassem lenta e continuamente para o pensamento budista. De fato, o *Lankavatara Sutra*, que se tornou muito conhecido depois de ter sido traduzido para o chinês em 443 d.C., dedicou muitas páginas à tarefa de contestar estas concepções populares do nirvana como vacuidade, força da vida, espírito, força vital, substância primitiva, êxtase supremo ou salvação. Tais noções "concebem o Nirvana dualisticamente", diz o Sutra. Elas resumem-se em "deixar a mente divagar e tornar-se confusa, quando o Nirvana não é para ser encontrado em algum lugar."[7]

ABANDONANDO O IDEAL DE UM EU VERDADEIRO

Os psicanalistas percorreram um longo caminho retirando as camadas do falso eu e expondo os complexos mecanismos por meio dos quais construímos identidades que nos restringem ao invés de nos impulsionar adiante. No entanto, a psicanálise ainda não está livre das tendências que preocuparam os mestres budistas há centenas de anos. Assim como as noções de uma mente universal se voltaram lenta e continuamente para o pensamento budista, as noções de um eu verdadeiro latente vêm surgindo na teoria psicodinâmica. O "verdadeiro eu" é difícil de ser encontrado, mas os psicoterapeutas ainda se consideram os responsáveis pela sua custódia.

Embora D. W Winnicott tenha afirmado claramente que "há pouca importância em formular uma ideia de Verdadeiro Eu, senão com o propósito de se tentar entender o Falso Eu"[8], os psicanalistas que seguiram suas ideias não têm sido tão rigorosos em seus pontos de vista. Consideremos a seguinte declaração do analista neo-winnicottiano Christopher Bollas: "O verdadeiro eu [é aquele que é capaz de ser espontâneo] ... O verdadeiro eu escuta uma sonata de Beethoven, sai para dar um passeio, lê a seção de esportes do jornal, joga basquete e sonha com as férias."[9]

Do ponto de vista do Budismo, um ser que atingiu o entendimento compreendeu a *falta* do eu verdadeiro. Este ser está presente em virtude de sua ausência, e pode funcionar eficaz e espontaneamente no mundo exatamente porque tem a capacidade de ver o eu como algo que já está despedaçado. Não é necessário imputar um eu verdadeiro a qualidades imaginárias que associamos com a maturidade emocional. Na verdade, talvez seja a ausência de compreensão deste âmago essencial que desencadeie a torrente de emoções que nos faz sentir mais verdadeiros. Este é o paradoxo sobre o qual avançaram tanto Winnicott quanto os tradicionais mestres Zen: a experiência do verdadeiro eu, que passou a preocupar os analistas ocidentais, é conseguida com mais facilidade pelo entendimento daquilo que os budistas chamam de "vacuidade do eu".

Como o relacionamento com qualquer professor budista que atingiu o entendimento pode revelar, as ações de uma pessoa que compreendeu a *vacuidade* apresentam uma fantástica semelhança com o que nós ocidentais esperamos daqueles que possuem um sentido altamente desenvolvido a respeito do eu. Do ponto de vista budista, isto se torna possível graças a um entendimento que não é regressivo, nem é um retorno ao seio ou ao útero, tampouco é uma manifestação do eu verdadeiro. Tal experiência, segundo os ensinamentos de Buda, esclarece em muito essa confusão. O ilustre mestre Zen Hakuin (1685-1768), um praticante da "grande dúvida", descreveu sua compreensão como uma experiência súbita de "algo parecido com o despedaçar de uma crosta de gelo ou o desmoronamento de uma torre de cristal. A alegria é tão grande", dizia ele, "que não é vista ou ouvida por quarenta anos."[10]

A fragmentação do falso eu ocorre através da conscientização de suas manifestações, não através da substituição por alguma personalidade latente "mais verdadeira". A capacidade de nos tornarmos conscientes das representações que fazemos de nós mesmos sem criarmos outras é, psicologicamente falando, um grande alívio. Isto não implica que desistamos da experimentação cotidiana de nós mesmos como indivíduos únicos ou, de certa forma, contínuos; mas significa que, sempre que estivermos entrando nos domínios do narcisismo, seremos capazes de reconhecer este terreno sem que partamos imediatamente em busca de uma alternativa. O Dalai Lama, ainda hoje treinado na complexa lógica do sistema Madhyamika, compara aquele que compreendeu a verdadeira natureza do eu à experiência de uma pessoa usando óculos de sol. É exatamente a aparência distorcida das cores, diz ele, que nos permite perceber que a cor não é verdadeira. Segundo ele, é possível não nos restringirmos às polaridades narcisistas da grandiosidade e da vacuidade, ainda que este seja o nosso modo de pensar.

A Terceira Nobre Verdade de Buda retoma esta questão.

CAPÍTULO IV

LIBERTAÇÃO: A TERCEIRA VERDADE DE BUDA

Depois de seis anos de luta, que culminaram em uma noite de incessante contemplação, Buda atingiu a iluminação. Era o alvorecer, o instante em que a primeira estrela da manhã surgia no céu. Sua Terceira Nobre Verdade anuncia que esta experiência é acessível a todos aqueles que cultivarem determinadas qualidades essenciais da mente. Ao alcançar a compreensão, Buda espontaneamente recitou o seguinte peã de alegria, como está registrado na clássica coleção de versos budistas *Dhammapada*:

> *Vaguei por incontáveis nascimentos,*
> *Buscando sem encontrar o construtor desta casa.*
> *É doloroso nascer tantas vezes.*
> *Ó, construtor de casas! Agora foste percebido.*
> *Não mais erguerás a casa.*
> *Todos os caibros do teu telhado estão despedaçados,*
> *Tua viga mestra se rompeu.*
> *Minha mente alcançou a absoluta liberdade.*
> *Está conquistado o fim desta ânsia.*[1]

A totalidade da psicologia budista está resumida nestes versos aparentemente simples; contudo, a mensagem de Buda nunca foi facilmente compreendida. A que alude Buda nestes versos? O que procura? O que se rompeu, o que se despedaçou? Por que esta expressão incomum de crua agressividade, vinda de um homem tão celebrado por sua serenidade?

Vagando pela Roda da Vida, através dos ciclos de renascimentos ou através de sua própria experiência psicológica, Buda buscou o construtor de seu corpo e de sua mente, sem o encontrar. "De onde veio ele?", pergunta Buda, "de onde surgiu esse sentimento do 'eu'? "Qual é a fonte das vagas e românticas noções do eu como um *agente com um propósito*; como uma entidade distinta, à qual todos nós, inconscientemente, nos submetemos? A fonte, ou o construtor da casa, exclama Buda, é *a ânsia,* tal como ele explicou em detalhes na Segunda Nobre Verdade. "Ó, construtor de casas [ânsia]", grita ele, "agora foste percebido. Não mais erguerás a casa." Por simplesmente ver sua própria ânsia, parece tê-la eviscerado. Temos aqui, novamente, o restabelecimento da noção budista central que é o autoconhecimento. Ao trazer sua sede à consciência, Buda anuncia que se libertou de suas consequências: a dor do nascimento e da morte.

"Todos os caibros do teu telhado estão despedaçados", continua ele, "Tua viga mestra se rompeu." Buda glorifica a capacidade destrutiva da sabedoria, à maneira do diamante em sua intensidade e precisão. Os caibros se referem explicitamente às forças centrais da cobiça e do ódio, que estão retratadas no centro da Roda da Vida pela serpente e pelo galo. Estas forças foram rompidas, afirma Buda, elas não podem mais sustentar uma estrutura que demonstrou ser muito frágil. Também a viga mestra, que sustenta e dá origem aos caibros, se rompeu. Temos aqui uma referência à raiz das emoções angustiantes – a ignorância, retratada na Roda da Vida pelo cerdo negro no centro da mandala. Ignorância quer dizer incompreensão, que, na linguagem budista, significa atribuir um sentido de solidez a coisas ou pessoas que não o têm necessariamente.

Buda está nos dizendo que, devido à nossa ânsia, queremos que as coisas sejam compreensíveis. Nós reduzimos, concretizamos ou substancializamos experiências e sentimentos que são, por sua própria natureza, efêmeros ou passageiros. Assim fazendo, definimos a nós mesmos pelas nossas mudanças de humor e por nossos pensamentos. Não nos contentamos em estar felizes ou tristes; temos a obrigação de nos tornar uma pessoa feliz ou triste. Esta é a tendência crônica de uma mente ignorante ou iludida: criar "coisas" a partir de coisa nenhuma. Reconhecer a ânsia destrói esta predisposição, torna-se um despropósito tentar enxergar alguma substância onde ela não existe. Os materiais a partir dos quais construímos nossas identidades se tornam inúteis e acabam despedaçados quando a viga mestra da ignorância se rompe. Buda disse que a sua mente atingiu a "liberdade absoluta" quando viu sua ânsia lucidamente, sem os condicionamentos das forças da cobiça, do ódio ou da ignorância, e portanto, livre.

SUBLIMAÇÃO

É esta liberdade absoluta que Buda promete na declaração da Terceira Nobre Verdade. O fim do sofrimento é possível, diz ele, não por meio do amor incondicional, através do qual muitos ocidentais imaginavam poder aliviar seu sentimento de insatisfação, nem por meio da reapropriação de uma perfeição ilusória, e sim através da absoluta liberdade da mente iluminada: "Pois bem, qual é a Nobre Verdade da Extinção do Sofrimento?" indagou Buda. "É o enfraquecimento e a extinção completa desta ânsia; é renunciar a ela, abandoná-la, desapegar-se e libertar-se dela."[2]

Neste ponto, Buda propõe algo bastante radical: que é possível isolar as forças da ânsia em nossa própria mente, tornando-nos livres e desligados delas, simplesmente entendendo esta ânsia pelo que ela é. O contraste com a psicanálise ocidental parece ser, à primeira vista, absoluto. Um dos fundamentos da teoria psicanalítica, afinal, é o de que as moções pulsionais ou instintos (impulsos eróticos, agressivos ou narcisistas) são inatos, inerentes e inevitáveis. Do ponto de vista da psicanálise, devemos nos resignar com este fato. A maior semelhança que podemos encontrar entre o tipo de transformação mental descrita no Budismo e as conclusões a que chegaram os psicanalistas está na discussão sobre a *sublimação*, onde – tal como Freud a apresenta – "a energia dos impulsos desejosos infantis não se extingue, mas permanece pronta para ser usada – o objetivo impróprio dos diferentes impulsos é deslocado para algo mais elevado talvez não mais de ordem sexual."[3] A sublimação, para Freud, comporta a possibilidade de escapar das exigências impossíveis dos "impulsos desejosos infantis." A saída que Buda propõe é a mesma ou é diferente?

Vejamos, por exemplo, a descrição de Freud para o suposto estado mental de Leonardo da Vinci. Caso não soubéssemos a identidade do autor, provavelmente acreditaríamos tratar-se de algum devoto do misticismo oriental e não da ciência ocidental:

> Suas emoções eram controladas...; não amou nem odiou, mas questionou-se acerca da origem e do significado do amor e do ódio. Assim, a princípio limitou-se a parecer indiferente à bondade e à maldade, à beleza e à feiúra... Na realidade, Leonardo não era destituído de paixão... Ele simplesmente converteu sua paixão em sede de conhecimento... Quando, no auge de uma descoberta, conseguia examinar grande parte do nexo total, era tomado pela emoção e, numa linguagem extática, glorificava o esplendor do fragmento da criação que ele tinha estudado, ou – na fraseologia religiosa – a grandeza do Criador.[4]

Todas as qualidades comumente atribuídas a Buda estão na descrição que Freud faz do estado de sublimação de Leonardo da Vinci: o controle das emoções, a transformação do amor e do ódio em interesse intelectual, a primazia da investigação, e até mesmo a culminância destes sentimentos, com a ode à grandeza do Criador. A única diferença é que, no caso de Buda, o Criador – ou construtor da casa – não é louvado, mas vencido.

Para Buda, os aspectos neuróticos da mente – como aqueles personificados no cerdo, na serpente e no galo da ignorância, do ódio e da cobiça – *não* são essenciais ao continuum mental. Podem ser inatos ou até instintivos, mas não são intrínsecos à natureza da mente. Podem ser eliminados ou, para utilizarmos a linguagem da psicanálise, sublimados ao ponto de serem interrompidos. Na verdade, a psicologia budista está interessada em demonstrar como os impulsos narcisistas direcionados a uma identificação ou a um distanciamento dessa experiência podem ser transformados em conhecimento sobre a verdadeira natureza do eu. Este é um tipo de sublimação sobre a qual Freud poucas vezes refletiu, e ela, como veremos, não se realiza apenas através da análise, mas também através dos métodos de treinamento mental minuciosamente ensinados por Buda.

O COPO JÁ ESTÁ QUEBRADO

Pensei muito sobre esta questão na primeira vez em que viajei para a Ásia, em 1978, em visita a um mosteiro encravado numa floresta ao nordeste da Tailândia, Wat Ba Pong, na fronteira tai--laosiana. Fui levado até lá pelo meu professor de meditação, Jack Kornfield, que acompanhou alguns de nós a um encontro com o monge que fora seu mestre neste refúgio solitário. Achaan Chaa se definia como um "simplório monge da floresta", e dirigia um mosteiro com centenas de acres de floresta, simples e antiquado, exceto por um interessante detalhe. Ao contrário da maioria dos mosteiros budistas da Tailândia, onde a prática da meditação segundo os ensinamentos de Buda aos poucos desaparecia, o de Achaan Chaa exigia a prática intensiva da meditação, e a atenção consciente, lenta e metódica para com os menores detalhes do cotidiano. Ele ganhara renome como mestre de meditação de primeira grandeza. As primeiras impressões que tive deste ambiente tão sereno evocaram-me a Guerra do Vietnã, que terminara recentemente – cenas que ficaram impressas em minha mente pelos anos em que foi foco de atenção da mídia. O lugar parecia extraordinariamente frágil para mim.

No primeiro dia, levantei-me antes da aurora para acompanhar os monges em sua mendicância matinal pelos arredores do mosteiro. Vestindo túnicas cor de açafrão e segurando a tigela negra das esmolas, avançavam em fila única pelo arrozal colorido de verde e marrom, enquanto a bruma se erguia, os pássaros cantavam e mulheres e crianças se ajoelhavam ao longo de todo o caminho inclinando a cabeça ao apresentar suas ofertas de arroz cozido e frutas. As casas sustentavam telhados de sapê e eram construídas com estruturas de madeira, frequentemente encarapitadas sobre palafitas. Apesar das crianças correrem de um lado para o outro, zombando do estranho grupo de ocidentais que seguia os monges, a manhã parecia descansar em silêncio.

Depois do desjejum, em que nos servimos dos alimentos coletados, fomos levados à presença de Achaan Chaa. De aparência grave e com um suave brilho nos olhos, Achaan Chaa sentou e esperou pacientemente que formulássemos a pergunta que nos tinha trazido de tão longe. Finalmente, fizemos uma tentativa: "Na verdade, sobre o que vocês estão falando? O que vocês querem dizer com 'erradicar a ânsia'?" Achaan Chaa abaixou o olhar e esboçou um leve sorriso. Então, segurou um copo de água com sua mão esquerda e, erguendo-o em nossa direção, começou a falar em sua língua materna, um vívido dialeto do Laos: "Veem este copo? Para mim, o vidro de que é feito já se quebrou. Eu o aprecio, é dele que eu bebo. Ele contém minha água admiravelmente e algumas vezes até reflete a luz do sol, formando belos desenhos. Quando o toco de leve, emite um som encantador. Mas quando deixo o copo sobre uma estante e o vento faz com que ele tombe, ou meu cotovelo esbarra nele, derrubando-o da mesa, e ele cai no chão e se estilhaça, então eu digo: 'Naturalmente.' Mas quando compreendo que este copo já está quebrado, cada momento com ele torna-se precioso."[5] Achaan Chaa não estava apenas falando sobre o copo, é claro, nem estava falando simplesmente do mundo dos fenômenos, do mosteiro da floresta, do corpo ou da inevitabilidade da morte. Também falava para cada um de nós sobre o eu. Este eu que vocês creem ser tão real, Achaan Chaa nos dizia, já está quebrado.

O RESÍDUO CONTRAÍDO

A psicanálise esclarece por que é tão difícil aceitarmos o ponto de vista de Achaan Chaa: nós não queremos ver o copo como algo que já está quebrado. Nossa energia vital, ou *libido,* tem como sua fonte original a fluida união da criança com a mãe, que os psicanalistas chamam de narcisismo primário. Para Freud, o ego inclui originalmente tudo, tomando como sua a totalidade mãe-filho. Só mais tarde o ego tece um mundo externo a ele, reduzindo-se a um "resíduo contraído"[6] de um todo que um dia fora muito mais abrangente e difuso. Contudo, o estado paradisíaco que antecedeu o aparecimento do desejo autoconsciente continua a colorir nossas percepções sobre a maneira de ser das coisas. Sua influência não desaparece.

A sensação original de unidade persiste na psique como uma força propulsora pela qual a pessoa anseia, na vida adulta. Tanto nas relações de amor quanto na noção subjetiva de nós mesmos, tentamos recriar ou recuperar o sentimento original da perfeição infantil, da qual todos nós estamos inexoravelmente separados. Em termos psicanalíticos, a energia original da união mãe-filho, fundamento do princípio do prazer, é pensada para bifurcar-se, como o desenvolvimento da criança. De um lado, está o que chamamos de libido do ego, na qual o eu se torna o receptáculo das esperanças e sonhos da criança. De outro, está a denominada libido objetal, na qual acreditamos que as outras pessoas guardam a chave para a felicidade, e procuramo-las com a expectativa de um tipo de reunião. Esta ruptura entre o eu subjetivo desejoso de uma inteireza e o eu objetivo como entidade autossuficiente é o prenúncio da confusão.

Se partirmos de uma perspectiva analítica, toda sublimação é, na realidade, uma tentativa de transformar as energias da libido do ego e da libido objetal em um "estado ou plano mais elevado de existência", onde "algo da ... unidade original está em vias de ser restaurado."[7] Curiosamente repetindo os filósofos budistas da Índia medieval, o ponto de vista analítico sustenta que a sublimação, na verdade, impulsiona o indivíduo em direção a uma reconciliação com a busca sem fim pela perfeição. Todos somos obcecados pela perfeição perdida do ego que tudo continha, e medimos a nós mesmos e aos nossos amores segundo este modelo. Procuramos por sua réplica nas satisfações externas, na comida, no conforto, no sexo ou no sucesso, mas aos poucos aprendemos, através do processo de sublimação, que chegamos mais próximos desse sentimento perdido através de ações criativas que evoquem estados do ser nos quais a autoconsciência é temporariamente abandonada. São estes os estados nos quais o artista, escritor, cientista ou musicista, como o Leonardo de Freud, se dissolve no ato da criação.

PERFEITA SABEDORIA

Usando este vocabulário, podemos entender a verdade de Buda sobre a cessação da ânsia por um novo ângulo. Pois tanto o Budismo quanto a psicanálise admitem a existência de dois fluxos essenciais de energia vital: sabedoria e compaixão. São estas as duas qualidades da mente iluminada, as duas forças cultivadas pela meditação e espontaneamente liberadas quando atingimos a iluminação. Nas práticas místicas tântricas preservadas pelas escolas budistas do Tibete, os dois fluxos de energia primária do sistema nervoso psíquico, que se unem nos estados meditativos avançados, são sempre identificados às forças da sabedoria e da compaixão. A psicanálise descreve estes dois fluxos em seus estados infantis, como libido do ego e libido objetal, enquanto o Budismo os louva, em seus estados sublimados, como sabedoria e compaixão. A sabedoria é, afinal, a libido do ego sublimada; é o investimento no eu de dentro para fora, na transformação do narcisismo e na erradicação da ignorância sobre a natureza do eu. Como seria possível o orgulho, afinal, quando o eu, tal como Achaan Chaa colocou, é compreendido como algo que já está quebrado? A compaixão, por sua vez, é a sublimação da libido objetal: desejo e raiva transformados pela percepção de que não há um sujeito carente de uma união mágica, nem com um Outro que pode satisfazê-lo nem com um Outro que pode frustrá-lo. A compreensão budista do nirvana foi, na verdade, a descoberta daquilo que esteve presente todo o tempo. Buda não adentrou nenhum novo território: ele viu as coisas do modo como são. O que se extinguiu foi tão somente a *falsa visão* do eu. O que sempre fora ilusório foi compreendido como tal. Nada mudou, a não ser o ponto de vista do observador. Quando aquele que futuramente seria seu discípulo lhe perguntou, apavorado: "O que és?", Buda simplesmente respondeu: "Eu sou o que está desperto." Tal como está escrito em um importante Mahayana Sutra, "Quando não nos deixamos tolher pela nossa confusa subjetividade, esta vida terrena é uma atividade do próprio Nirvana."[8]

DESEJO

Os principais conceitos da psicologia budista – ânsia, ignorância, e *anatta* (não-alma ou não-eu) – estão todos intimamente ligados à Terceira Nobre Verdade de Buda. Estes são os conceitos mais difíceis de todo o Budismo, porque são uma tentativa de falar ao âmago de nossos equívocos a respeito de nós mesmos. Fundamentalmente, afirmam os ensinamentos budistas, ainda estamos todos sujeitos ao que os psicólogos contemporâneos costumam denominar "processo primário do pensamento", uma tendência primitiva de acreditar nas coisas como nós gostaríamos que elas fossem, sem considerar a realidade, a lógica ou mesmo as reações dos nossos sentidos. O que é, afinal, a ânsia, senão desejo – desejo de satisfação, gratificação, controle, segurança ou solidez; um desejo de voltar à perfeição infantil?

As crianças revelam mais claramente este primitivo modo de pensar. Elas veem seus pais como pessoas invulneráveis, como ícones, seres imortais e imutáveis; veem o relacionamento entre eles da mesma maneira. Nós, convenientemente, tentamos adaptá-los a este modo de pensar. Nada é mais danoso para uma criança do que tornar-se prematuramente ciente da vulnerabilidade dos pais. Assim, o resultado deste modo de pensar é que a criança em desenvolvimento continua a atribuir noções de solidez a si mesma e àqueles que lhe são importantes. Não parece haver uma boa alternativa para este modelo de desenvolvimento, pois se esta sensação de solidez não é imposta, a criança se torna deprimida ou emocionalmente perturbada. Contudo, quando esta sensação de segurança *é* interiorizada ela sobrevive graças a um tipo de persistência do processo primário de pensamento pelo qual atribuímos, repetida e inconscientemente, qualidades de massa a *processos* que não são "coisas em si."[9]

Lembro-me de estar em Nova Iorque, passeando pelas ruas de Manhattan, e de perceber, de repente, que o chão onde eu pisava não era sólido. Por baixo daquelas calçadas havia quilômetros de túneis. " Onde está o chão?", pensei. "Será que tudo vai desmoronar?" Senti a mesma decepção na minha infância, quando pela primeira vez percebi que ligar o termostato na minha sala de estar não a deixava imediatamente aquecida. Havia uma coisa chamada caldeira, no porão, que precisava ser ativada e que eu não entendia bem o que era. À minha maneira, eu estava inconscientemente presumindo a solidez das coisas, querendo que fossem como eu as havia imaginado.

Freud foi o responsável pela descoberta da supremacia do desejo na nossa vida inconsciente. Como ele nos mostrou, é bastante comum que este tipo de pensamento surja em nossos relacionamentos íntimos e eróticos. O apego ao estado de perfeição perdido e há muito tempo soterrado é, com frequência, exposto repentinamente em nossos relacionamentos amorosos, especialmente quando nos decepcionamos pela primeira vez. Presenciamos este fato muitas vezes na terapia, onde tais desapontamentos podem ser usados como uma oportunidade única de nos confrontarmos com as nossas expectativas de perfeição. Um médico chamado Dave, meu amigo da faculdade de medicina, passou por esta experiência quando se apaixonou pela primeira vez, e precisou de um bocado de terapia para lidar com os desdobramentos dessa paixão. No início do seu relacionamento, Dave se sentia tomado por um sentimento intenso e maravilhoso. Tanto ele quanto sua futura esposa estavam certos de terem encontrado seu verdadeiro amor, e logo se casaram. Depois de alguns anos de felicidade extrema durante os quais eles mantiveram um relacionamento sexual profundamente gratificante, decidiram ter um filho. Para Dave, sua mulher encarnava a perfeição. Ele a amava, adorava estar junto dela e principalmente ansiava pelos seus encontros sexuais, quando se sentia unido ao que os psicanalistas denominariam seu "ego ideal", o reflexo de suas próprias lembranças de perfeição. Tal como um psicanalista descreve tais situações, Dave sentia "a irradiação" do amor de sua mulher envolvendo, absorvendo e devorando seu ego"[10], quando tinham um encontro sexual. Dave descrevia essa experiência de modo um pouco diferente, mas o sentido é parecido.

Contudo, com a gravidez, houve uma considerável diminuição no desejo sexual de sua mulher, o que deixou Dave arrasado e furioso. Deixando de ser perfeita, ela lhe parecia agora, tão somente uma fonte de frustrações. No momento em que sua esposa deixou de corresponder ao seu ideal, Dave perdeu o interesse por ela. Ele tomou sua falta de interesse sexual como uma afronta pessoal, e, privado da felicidade que costumava sentir, foi incapaz de manter qualquer ligação com esta nova mulher – grávida (e enjoada). O esforço de Dave, na terapia, foi o de separar a imagem de perfeição que havia formado de sua mulher da pessoa real com quem estava casado. Era difícil para ele entrar em acordo com a angústia e o vazio que sentia quando as "imperfeições" de sua mulher se manifestavam. Era como se precisasse daquela perfeição, sem a qual a vida perdia o sentido.

A necessidade de Dave não era incomum – incomum talvez tenha sido ele ter chegado tão perto de satisfazê-la. Dave se tornou consciente de sua angústia, e há séculos este dado é entendido pelos mestres budistas como central à condição humana. Somente quando o nosso ideal é aceito como uma fantasia podemos ficar livres dessa angústia. Como o terceiro patriarca Zen, Sengtsan, um grande mestre chinês, bem colocou nos *Verses on the Faith Mind,* a grande fonte da angústia humana é a experiência da não-perfeição. Somente pelo reconhecimento da perfeição como uma fantasia é que tal insegurança pode ser superada. Só então podemos viver "sem a angústia da não-perfeição."[11]

O desejo de segurança ou perfeição, da volta ao estado anterior à angústia, é um dos desejos inconscientes que mais fortemente nos impulsiona e que nós alimentamos. Para o Budismo, é este desejo que nos impele a ver o eu e o outro como *objetos* fixos, imóveis e permanentes, passíveis de serem possuídos ou controlados, e que, de algum modo, contêm uma parte dessa segurança original. Se o âmago do nosso ser, como disse Freud, consiste desses impulsos desejosos inconscientes, imagine as consequências de reconhecer este assim chamado âmago como tal. Tal âmago pode simplesmente evaporar.

IGNORÂNCIA

A satisfação original do narcisismo primário, segundo Freud, se estabelece na psique como uma lembrança, que, em seguida, se transforma num modelo ou plano, preservado como uma "ideia", que é procurada, posteriormente, durante a vida. Tal como descrita por Freud, a lembrança da satisfação se fixa na mente como uma "coisa" concreta que a pessoa tenta recriar ou com a qual se identifica. Esta concretização da experiência, que a mente racional é extremamente hábil em realizar, é o que os budistas chamam de ignorância. Embora suas consequências surjam nas relações amorosas, isto é apenas uma insidiosa incompreensão de nós mesmos. Esperamos encontrar um certo tipo de solidez em nós mesmos: nós a imputamos, de fato, fundamentando nossas expectativas sobre um tipo de sensação de ego que um dia experimentamos ao seio, e que, mais tarde, concretizamos como uma perfeição perdida.

Pois o eu, de acordo com a linguagem budista dos antigos Sutras, é uma ficção – uma miragem, uma sombra, um sonho. Na linguagem da psicologia contemporânea, chamaríamos de fantasia, pretensão ou desejo. "A mente", repetiu o sexto patriarca Zen, Huineng, em VII d. C., "é, no fundo, imaginação." E, "partindo do pressuposto de que imaginação é igual a ilusão," concluiu ele, "não há nada onde se apegar."[12]

A principal tarefa da meditação é revelar as concepções dos desejos inconscientes do eu, as ânsias fundamentais, expondo-as como fantasias, acabando, deste modo, com a ignorância e revelando a natureza ilusória do eu. A Terceira Nobre Verdade afirma que esta é uma possibilidade real. Devemos nos voltar para a Quarta Nobre Verdade para aprendermos como alcançar esta compreensão.

CAPÍTULO V

ERGUE-SE EM LUGAR NENHUM: A QUARTA VERDADE DE BUDA

Há uma famosa história da tradição Zen da China, recontada no Sutra do Sexto Patriarca, que ilustra a exata importância de um claro raciocínio quando praticamos a meditação. Isto é tão relevante nos dias de hoje quanto era há mil e trezentos anos, pois os conceitos equivocados sobre meditação ainda confundem seus praticantes. Este conto é uma boa maneira de se apresentar a Quarta Nobre Verdade de Buda, pois enfatiza a importância de termos um ponto de vista conceitual correto quando seguimos o exemplo de Buda e tentamos lidar com as nossas emoções.

PONTO DE VISTA CORRETO

Sempre alerta para a tendência que tem a psique humana de substituir o verdadeiro entendimento por algum tipo de estado de perfeição ilusória, Hung-jen, o Quinto Patriarca, estando à morte, desafiou seus alunos e seguidores, no século VII, a compor um poema provando que haviam compreendido os ensinamentos de Buda. Os melhores versos indicariam o seu sucessor. Seu principal discípulo, Shen-hsiu, de quem se esperava assumir o lugar do mestre, apresentou o seguinte poema:

O corpo é a árvore Bodhi,
A mente se ergue como um límpido espelho.
Cuide que esteja sempre limpo,
Não permita que a ele se una
uma única partícula de poeira.

Esta é uma resposta perfeitamente aceitável. Em seus versos, Shen-hsiu faz da mente vazia e em meditação uma virtude, tema recorrente na literatura budista. No entanto, o espelho límpido, assim como o verdadeiro eu, pode facilmente se transformar em objeto de adoração. Tal ponto de vista simplesmente substitui o eu concreto, por uma versão mais refinada, que passa a ser considerada mais real que a original.

Um criado da cozinha, Hui-neng, embora iletrado, percebeu a imperfeição da resposta de Shen-hsiu, e apresentou a seguinte alternativa:

Bodhi não é uma árvore,
O límpido espelho se ergue em lugar nenhum.
Fundamentalmente, nem uma única coisa existe;
Então, ao que se unirá a partícula de poeira?[1]

A resposta de Hui-neng, condizente com os ensinamentos de Nagarjuna e da escola Madhyamika, por não abraçar nem o absolutismo nem o niilismo, escapou da armadilha da idealização contida no poema de Shen-hsiu. Hui-neng evitou o erro comum de conceber a libertação como uma mente esvaziada de conteúdos ou como um corpo desprovido de emoções. Em seus versos, Hui-neng diz que a mente – ou o eu – que concebemos não existe do modo como a imaginamos; se todas as coisas estão vazias, vamos nos unir a quê? Se a própria mente já está vazia, por que deveríamos limpá-la? Se as emoções são vazias, por que deveriam ser eliminadas?

Mesmo entre os budistas, este ponto de vista desafiou o pensamento convencional. Por exemplo, o Quinto Patriarca achou por bem elogiar publicamente a resposta de Shen-hsiu, repreendendo– o em particular; tendo censurado Hui-neng diante do público, foi a ele quem, secretamente, nomeou seu sucessor, para então aconselhá-lo a fugir protegido pela escuridão. Contudo, à sua maneira, Hui-neng sistematizava o que sempre fora um dos principais fundamentos dos ensinamentos de Buda: o *Ponto de Vista Correto*.

O CAMINHO DO MEIO

A Quarta Nobre Verdade que Buda anunciou em seus primeiros ensinamentos, dados em Sarnath, foi aquela do Caminho que leva à Interrupção do Dukkha. Conhecido como o *Caminho do Meio*, evita os dois extremos – a excessiva indulgência para com os próprios desejos ou a completa renúncia a eles – ou, em termos contemporâneos, a idealização e a negação. Tendo experimentado esses dois caminhos, Buda compreendeu que cada um deles reforçava as mesmas noções de "eu" ou "meu" que, em princípio, criavam a sensação de sofrimento. Buda classificou a busca da felicidade através das sensações de prazer como "inferior, comum, inútil, o caminho das pessoas comuns", e considerou a busca da felicidade através da negação ou do ascetismo "dolorosa, indigna e inútil."[2] Distender as fronteiras do ego e dissolver a sensação do eu em experiências prazerosas ou mesmo extáticas não aliviam o sofrimento, nem proporcionam o total domínio das emoções. Agredir o corpo e subjugar o eu, obrigando o ego a algum tipo de renúncia, não alivia o sofrimento, tampouco rejeitar as emoções.

Buda ensinou que a maneira correta de tratarmos esta questão está entre estes dois extremos. Isto exige o encadeamento de oito fatores específicos relativos à mente e ao comportamento: entendimento, pensamento, palavra, ação, meio-de-vida, esforço, conscientização e concentração. Segundo Buda, quando estes fatores estão corretamente estabelecidos formam o Caminho para a

Cessação. A reunião dos oito fatores é conhecida como a *Senda Óctupla:* as categorias comportamentais da Palavra Correta, Ação Correta e Modo de Vida Correto correspondem aos fundamentos éticos; as categorias meditativas da Concentração Correta e Conscientização Correta são a base da disciplina mental tradicionalmente associada à prática formal da meditação; e as categorias da sabedoria – Entendimento Correto e Pensamento Correto – representam sua base conceitual, também conhecida por Ponto de Vista Correto. Com frequência, esta última categoria recebe pouca atenção daqueles que estão ansiosos por se aventurar no caminho da meditação, quando então, na melhor das hipóteses, dão respostas como a de Shen-hsiu.

Consoante com o método budista de atingir a autêntica visão do eu trazendo as manifestações do falso eu à consciência, o caminho mais eficaz de desenvolvermos o Ponto de Vista Correto – encorajado por Buda – é examinarmos as manifestações mais variadas e comuns da Falsa Visão. Assim, podemos perceber que a confusão que fazemos a respeito da natureza de nossas emoções distorce a compreensão que temos sobre o significado de palavras como *ego* ou *eu*. Não sabemos o que fazer com essas emoções, e permitimos que nossas várias tentativas de lidar com elas definam nossa compreensão dos ensinamentos de Buda. Para seguirmos verdadeiramente a Senda Óctupla, devemos reverter este processo. Em lugar de permitir que as concepções equivocadas sobre os nossos sentimentos influenciem o nosso entendimento, devemos deixar nosso entendimento modificar a maneira como vivenciamos nossas emoções.

O GRITO PRIMITIVO

Como terapeuta, frequentemente passo pela experiência de ajudar meus pacientes a lidar com um sentimento difícil, como a raiva, e então ouvi-los perguntar: "O que faço agora? Volto para casa e desabafo?" Algumas vezes, sentimos que a única solução é representar cada uma das emoções com que entramos em contato. É como se precisássemos *expressar* esse sentimento a quem quer que esteja direcionado, do contrário, estaríamos, de alguma maneira, enganando a nós mesmos. A ideia de simplesmente *conhecer* esse sentimento não nos ocorre. A crença de que as emoções irão nos contaminar, caso não as coloquemos para fora, está tão fortemente enraizada em nós que tem consequências definitivas sobre a maneira como, com frequência, interpretamos mal os ensinamentos de Buda a respeito da renúncia do eu (*selflessness*)*.

Muitos praticantes da meditação se confundem com esses ensinamentos e se' esforçam, erroneamente, por se livrar do que entendem que seja seu ego de base freudiana. As noções convencionais do ego – como aquelas que regulam os impulsos sexuais e agressivos – têm levado muitos americanos a cometer o erro de igualar a renúncia do eu a um tipo de "grito primitivo", através do qual as pessoas se libertariam de todas as restrições do pensamento, da lógica ou da racionalidade, e poderiam satisfazer ou expressar, suas emoções completamente. A renúncia do eu é confundida, aqui, com a potência orgânica de Wilhelm Reich, e o ego é identificado como algo que enrijece o corpo, obscurece a capacidade de uma descarga de prazer, ou reprime a expressão das emoções. Popularizado nos anos sessenta, este ponto de vista permanece profundamente entranhado na imaginação popular que vê o caminho para a iluminação como um processo de desaprender, de abandonar os grilhões da civilização e retomar a uma franqueza infantil. Também carrega em si a tendência a romantizar a regressão, a psicose e qualquer expressão mais desinibida das emoções.

---

* O *termo* selflessness *poderia ser traduzido por altruísmo, abnegação, desinteresse ou generosidade, mas nenhuma destas palavras traria o simples sentido de negação do eu (sem a conotação de uma atitude tomada em função ou benefício de outra pessoa), que a palavra inglesa expressa tão bem. Por isso, a forma "renúncia do eu" parece ser a mais adequada. (N. da T.)*

Este modo de ver as coisas, de fato, representa uma volta ao processo primário no qual, como pudemos observar, o eu fantasiado é construído. Renunciando às atividades mentais e ao pensamento característico do ego freudiano (o assim chamado "processo secundário"), as pessoas com essa concepção equivocada abandonam as habilidades do ego necessárias ao sucesso da meditação, que é, essencialmente, um exercício das funções do ego: disciplinar conscientemente a mente e o corpo nada mais é do que tarefa do ego freudiano. Assim, meditar não significa esquecer o ego; é um método que utiliza o ego para observar e domesticar suas próprias manifestações. O desenvolvimento da capacidade para acompanhar, a cada momento, a natureza da mente permite que o eu seja vivenciado sem as distorções da idealização ou das fantasias criadas pelo desejo. Em lugar de encorajar um eu consolidado e seguro da sua própria solidez, o enfoque budista imagina uma habilidade fluida para integrar as experiências potencialmente desestabilizantes da insubstancialidade e da transitoriedade.

Esta é uma diferença importante para a distinção entre o ponto de vista budista e aquele tradicional do Ocidente. Nós, ocidentais, frequentemente imaginamos que o eu desenvolvido deve se parecer com um campeão de pugilismo: forte, musculoso, confiante e intimidador. A visão budista desafia esta concepção da mesma maneira como o jovem Muhammad Ali desafiava os pugilistas de sua época. Para o Budismo, o ponto de vista correto é compatível com a analogia de Ali: "flutuar como uma borboleta e ferroar como uma abelha." Este é um tipo diferente de força, mas ainda é uma força. A tentativa de descartar o ego freudiano apenas desperdiça a força do ego necessária a uma prática meditativa bem-sucedida.

UNIÃO

Outro conceito popular equivocado é o de que a renúncia do eu seria algum tipo de unificação ou fusão – um esquecimento do eu simultâneo a uma identificação com o que está ao nosso redor, um estado de transe ou uma união extática. De acordo com este ponto de vista, o desejo nos separa do objeto máximo de nossa paixão e se desistimos de nossas emoções, algum tipo de satisfação definitiva poderá ser obtida. A noção da renúncia do eu como união tem raízes profundas (é aquela que tem sido influenciada pelo uso de drogas psicodélicas, por exemplo), e é a tradicional explicação da psicodinâmica, remoritando ao ponto de vista de Freud sobre o sentimento oceânico. Assim, a renúncia do eu é identificada com o estado infantil anterior ao desenvolvimento do ego: a criança ao seio materno se funde em uma união simbiôntica e indiscriminada, sem a necessidade de qualquer emoção perturbadora.

O esforço envolvido nesta concepção equivocada é o de fazer desaparecer qualquer emoção difícil. Imaginamos que somos capazes de substituí-la pela emoção oposta ou de induzir um torpor no qual nada precisa ser sentido. Na união reside o suposto aniquilamento das emoções, que podem ser repelidas com a fusão do indivíduo à condição de unidade. Pessoas que lidam com sua raiva sendo sempre gentis estão usando esta defesa, assim como aquelas que buscam o esquecimento nas drogas ou no álcool. Uma das tarefas terapêuticas mais delicadas para as pessoas em processo de recuperação por abuso de drogas ou álcool é ajudá-las a encontrar um modo de conviver com suas ansiedades sem se afogar nelas. A fuga através de ausência de emoções que procuram é uma vacuidade que é equivalente psíquico daquilo que Buda identificara como anseio pela não-existência.

De fato, há estados acessíveis através da meditação que induzem a sensações de harmonia, fusão e perda dos limites do ego, mas estes não são os estados que definem a noção de renúncia do eu. Da mesma forma, quando certas técnicas de meditação de foco-único (*one-pointedness*) são perseguidas com alguma perseverança, levam inevitavelmente a uma sensação de relaxamento e tranquilidade que é reconfortante e tentadora, e na qual as emoções mais perturbadoras são suspensas. Contudo, o Budismo enfatiza sempre que tais estados não são a solução para o problema das emoções. Sua distintiva estratégia atentiva não está no foco-único, mas na conscientização, ou *atenção simples,* na qual a consciência vai modificando os objetos de percepção de instante em instante. Este é o exercício que nos leva a concentrar a atenção na concepção que temos de nós mesmos, ensinando-nos um modo diferente de vivenciar os sentimentos.

No entanto, os psicanalistas e os praticantes mais ingênuos de meditação que seguiram por este caminho se inspiraram apenas nos exercícios de concentração, e não nos exercícios essenciais da assim chamada Grande Dúvida. Eles enfatizaram a experiência oceânica, mas não a mais aterrorizante falta de identidade a ela inerente. Médicos que popularizaram a meditação como uma técnica para a redução do estresse costumam retratá-la descrevendo apenas os exercícios de concentração, e gerações de novatos na meditação têm aspirado a dissolver suas tensões – e suas mentes – na piscina de alegres sensações que os fará sentir "em comunhão" com o universo, ou com o Vazio. Contudo, a renúncia do eu não é um retorno aos sentimentos da infância, uma experiência de contentamento indiscriminado ou de fusão com a Mãe – embora muitos procurem esta experiência quando começam a meditar, e embora alguns possam realmente encontrar uma versão dessa fusão. A renúncia do eu não requer o aniquilamento das emoções; requer apenas que as pessoas aprendam a vivenciá-las de outra forma.

SUBMISSÃO

Além de acreditarmos que as emoções devam ser ora expressadas, ora reprimidas, algumas vezes imaginamos uma terceira alternativa: que elas devam ser controladas, domesticadas ou suprimidas. Sob este ponto de vista, as emoções são personificadas como animais escondidos na selva do inconsciente – animais dos quais devemos nos proteger ou aos quais devemos dominar. Tenho um amigo que se recorda do medo que sentiu quando estava aprendendo a nadar e teve de mergulhar na parte funda da piscina. Seu medo era o de ser sugado por forças que acreditava estarem escondidas ali. Só mais tarde foi capaz de entender que temia o poder de suas próprias emoções. Este medo é a fonte da concepção equivocada da renúncia do eu como submissão. Ainda por este prisma, as emoções não são compreendidas como vazias em si mesmas. Elas são percebidas como entidades reais sobre as quais a pessoa consegue exercer um controle limitado, e que devem ser mantidas sob vigilância para que uma catástrofe seja evitada.

Por este ângulo, o eu é concebido como algo que precisa estar submisso a uma força superior. Esta noção penetra rapidamente o território do masoquismo tenuemente disfarçado, pois a tendência é buscarmos um Ser ainda maior ao qual seremos capazes de nos entregar, subjugando nossas próprias emoções em uma experiência de fusão idealizada, onde as fronteiras do ego são temporariamente interrompidas. O problema aqui é que a realidade do outro é aceita e até mesmo reverenciada, enquanto aquela do eu é negada.

No clássico ensaio sobre a autoestima das mulheres, a psicanalista Annie Reich descreve esta questão muito bem. "A feminilidade", diz ela, é, com frequência, "igualada ao completo aniquilamento."[3] O único modo de recobrar a necessária autoestima é fundindo-se ou dissolvendo-se num outro glorificado ou idealizado, cuja grandeza ou poder ela pode, a seguir, incorporar. Para ambos os sexos, algo parecido pode ser a única opção para o espírito: a necessidade de ver em *alguém* a corporificação das qualidades idealizadas da mente atenta e compassiva pode ser muito forte. Neste caso, o desejo é (mais uma vez) dirigido a algum objeto, pessoa ou lugar que represente, de modo concreto, as qualidades que a mente procura. Praticantes de meditação assim equivocados são vulneráveis a um tipo de apego erotizado por professores, gurus ou outras pessoas próximas, às quais dirigem o desejo de se deixar abandonar. Com frequência, também se envolvem de maneira masoquista com figuras às quais estão tentando se entregar.

REPÚDIO

Um quarto erro conceitual muito popular, comum àquela que ficou conhecida como "psicologia transpessoal", é a crença de que a renúncia do ego é um estágio do desenvolvimento *para além* do ego. Nesta concepção, o ego deveria primeiramente existir, para, em seguida, ser abandonado. Esta é a contrapartida da crença de que a renúncia do ego precede o desenvolvimento do ego; em lugar disso, a renúncia do ego supostamente sucederia ao ego. O comportamento que melhor define este mal-entendido é o repúdio, onde as emoções perturbadoras são rejeitadas ou negadas, como se deixassem de ter relevância. Elas são tratadas como se fossem apenas uma fase que a pessoa precisa atravessar.

Esta abordagem sugere que o ego, embora importante para o desenvolvimento, pode de alguma maneira ser transcendido ou deixado para trás. Temos de lidar, neste ponto, com uma lamentável confusão de vocábulos. Contudo, atentemos para a declaração do Dalai Lama sobre esta questão: "A renúncia do eu não se trata de algo que, tendo existido no passado torna-se inexistente. Pelo contrário, este tipo de 'eu' é algo que nunca existiu. É preciso que se identifique como inexistente algo que sempre foi inexistente."[4] Não é o ego, no sentido freudiano o verdadeiro objetivo do *insight* budista, ao contrário, é a imagem que temos de nós mesmos, o componente *representativo* do ego, a *verdadeira* experimentação interior do eu de cada um de nós.

A questão é que o ego como um todo *não* é transcendido; a representação que fazemos de nós mesmos se revela como a necessidade de uma existência concreta. Não se trata de eliminarmos algo real, mas de compreendermos o ser essencialmente sem fundamentos pelo que sempre foi. Os praticantes de meditação que têm problemas para compreender esta difícil questão com frequência se sentem compelidos a rejeitar importantes aspectos do seu ser que identificam com um "ego" doentio.

É comum que a sexualidade, a agressividade, o raciocínio crítico ou mesmo o uso ativo do pronome de primeira pessoa *eu* sejam abandonados, pois a ideia geral é a de que desistir destas coisas ou deixá-las partir é o mesmo que conquistar a renúncia do ego. Praticantes de meditação elegem certos aspectos do eu como seu inimigo e, então, procuram se distanciar deles. O problema é que as qualidades que identificam como perniciosas, na verdade, são fortalecidas pela tentativa de repudiá-las. É comum encontrarmos praticantes de meditação insistindo em dizer, na terapia, que não necessitam de sexo e que não desejam sentir um orgasmo, ou negando que uma frustração esteja lhes provocando a raiva. Em lugar de adotar a consciência não-julgadora, estes praticantes estão tão ocupados em livrar-se desses *sentimentos perniciosos* que nunca chegam a vivenciar a insubstancialidade de seus próprios sentimentos. Continuam identificados com eles, na sua ação de repúdio. De modo semelhante, aqueles que compreenderam mal a renúncia do eu tendem a superestimar a ideia da "mente vazia", livre de pensamentos. Neste caso, o próprio pensamento é identificado com o ego, e tais pessoas parecem cultivar um tipo de vazio intelectual no qual a ausência de raciocínio crítico é vista como a máxima conquista. O especialista em Budismo, Robert Thurman, assim descreveu este equívoco: "A pessoa simplesmente refuta todos os pontos de vista, dispensa o sentido e o significado da linguagem e supõe que, tão logo fique destituída de qualquer convicção, sustentando opinião nenhuma, sabendo de absolutamente nada e atingindo o esquecimento de tudo o que aprendeu, estará, então, solidamente plantada no caminho do centro, no 'silêncio dos sábios'."[5]

Contrário a este modo de raciocinar, os pensamentos conceituais não desaparecem como resultado do *insight* meditativo. O que se perde é apenas a crença na solidez do ego. Contudo, este *insight* não vem facilmente. É mais tentador – e mais fácil – usar a meditação para retirar nossa confusão sobre nós mesmos, para permanecer na tranquila estabilidade que a meditação oferece e pensar que, assim, estaremos nos aproximando dos ensinamentos sobre a renúncia do ego. Mas isto não é o que Buda quis dizer com Ponto de Vista Correto.

VACUIDADE

Em oposição a tais tendências, Nagarjuna, o fundador da escola Madhyamika do Budismo, formulou a doutrina da vacuidade, ou *sunyata*. Nagarjuna entendia a vacuidade não como uma coisa em si, mas como algo que sempre se baseia na crença em alguma coisa. Referindo-se à ausência de autossuficiência ou consistência nas pessoas, emoções ou coisas, a vacuidade descreve justamente a falta dessas qualidades de independência e identidade individual que instintivamente imputamos a nós mesmos. Tal como o reflexo em um espelho retrovisor, a vacuidade não é uma coisa em si, ainda que seja o instrumento que permite a correta visão da estrada à nossa frente.

A tendência da psique humana, ensina Nagarjuna, é ora reificar, ora negar; ora atribuir um significado absoluto às coisas, ora não atribuir significado algum. A vacuidade é o meio de não se fazer nem uma coisa nem outra, de suspender o julgamento enquanto se mantém contato com o substrato da experiência. É tão necessária para a travessia no território das nossas emoções quanto o espelho retrovisor o é nas viagens pelas autoestradas, pois quando tentamos dirigir sem usá-lo, ficamos angustiados, sem nunca saber se é mais seguro desviar para a esquerda ou para a direita, ou se há outro veículo grudado na traseira do carro. Quando operamos com o conhecimento da vacuidade, ensinam os budistas, estamos protegidos dos extremos da esquerda e da direita (dos delírios de grandeza ou do desespero), e quando corremos o perigo de sermos ultrapassados pelas nossas próprias reações às coisas, podemos, de repente, agarrar a nós mesmos.

Para o especialista em Budismo Herbert Guenther, a vacuidade é a experiência que "ajuda a destruir a ideia de uma persistente natureza individual,"[6] mas não é um fim em si mesma. É especialmente útil para lidarmos com o problema das emoções, porque a compreensão correta sobre a vacuidade permite uma alternativa para os dois extremos da indulgência para com as emoções ou da sua repressão. Quando praticamos a meditação, somos forçados a examinar estes comportamentos, e aprendemos um ponto de vista alternativo.

SUSTENTANDO AS EMOÇÕES

As experiências ligadas às emoções continuam sendo uma difícil questão para muitas pessoas. Todos ficamos desconfortáveis diante da intensidade dos nossos sentimentos, e desenvolvemos vários modos de nos defender dessa intensidade. A vacuidade de que fala o Budismo é a chave para a questão das emoções. O vazio não é um buraco, não significa a ausência de sentimentos. Vacuidade significa a compreensão de que as aparências concretas às quais estamos acostumados não existem da maneira como nós as imaginamos – uma experiência que o falecido lama tibetano Kalu Rinpoche chamou de "o intangível", comparável àquela de "um mudo provando o açúcar."[7] Em especial, significa que as emoções que acreditamos ser tão reais e que tanto nos preocupam não existem da maneira como as imaginamos. Elas realmente existem, mas podemos *vivenciá-las* de outra maneira, diferente de expressá-las ou reprimi-las. As meditações budistas sobre a vacuidade não visam ao retraimento das emoções falsamente concebidas mas ao *reconhecimento* dos equívocos que as cercam, modificando, assim, o modo de vivenciá-las. O Caminho do Centro, de que falava Buda, tem especial importância na nossa vida emocional.

Uma das grandes lições da Quarta Nobre Verdade, e dos ensinamentos de Buda em geral, é a de que é possível aprendermos um novo modo de conviver com os nossos sentimentos. Buda ensinou um método de manter os pensamentos, sentimentos e sensações em equilíbrio com o contrapeso da meditação, de modo a serem vistos com clareza. Descartando as identificações e reações que comumente aderem às emoções, como limo nas pedras, o método budista permite o emergir do entendimento da vacuidade. Esta é uma compreensão que tem vastas implicações para a psicoterapia, porque promete um grande alívio mesmo para o sofrimento comum. Tal como o Terceiro Patriarca Zen, em VII d.C., expressou com enorme clareza:

> *Quando a mente existe imperturbável no Caminho,*
> *nada no mundo é capaz de ferir;*
> *e quando uma coisa não pode mais ferir;*
> *cessa de existir da antiga maneira...*
> *Se desejas percorrer o Caminho Único,*
> *não antipatizes com o mundo dos sentidos e das ideias.*
> *Na verdade, aceitá-los completamente*
> *é a verdadeira Iluminação.*[8]

Exercitar esta postura da mente é o objetivo da prática da meditação.

SEGUNDA PARTE

MEDITAÇÃO

Então, Licchavi Vimalakirti viu Manjusri, o príncipe herdeiro, e assim se dirigiu a ele: Manjusri! Bem-vindo, Manjusri! Bem-vindo sejas! Aqui estás, sem teres vindo. Apareces, sem seres visto. Nós te ouvimos, sem te escutar."
    Manjusri respondeu: "Guardião da casa, é como dizes. Quem vem, afinal, não vem. Quem vai, afinal, não vai. Por quê? Quem vem não sabe que vem. Quem vai não sabe que vai. Quem aparece, afinal, é para não ser visto."

– Robert A. F. Thurman,
The Holy Teaching of Vimalakirti:
A Mahayana Scripture

A JANGADA

Não existe uma palavra específica para "meditação" na linguagem clássica do Budismo. A palavra mais próxima deste significado é *bhavana,* que seria melhor traduzida por "desenvolvimento mental." É bem provável que esta lacuna não seja um simples acaso, pois a meditação não é, por si própria, importante para a psicologia de Buda; o desenvolvimento de uma certa capacidade crítica da mente, além daquela que aceitamos como a norma, é que é essencial aos ensinamentos de Buda. Na literatura budista, por exemplo, há uma famosa parábola na qual Buda descreve um homem que, em meio a uma viagem, constrói uma jangada com capim, gravetos, ramos e folhas para atravessar uma enorme porção de água que está bloqueando-lhe o caminho. Ao chegar à outra margem, o homem pondera se deve carregar consigo a jangada, que lhe fora tão útil, para o caso de voltar a precisar dela.

– O que pensais sobre isto? – perguntou Buda aos monges. – Que o homem, ao agir assim, estaria fazendo o que deveria ser feito com a jangada?

– Não, senhor – responderam os monges.

– O que o homem deveria fazer para fazer o que deveria ser feito com a jangada? Neste caso, monges, ao chegar do outro lado e perceber o quanto a jangada lhe fora útil, talvez pense: 'Suponho que eu, tendo puxado a jangada sobre a margem seca ou a tendo afundado na água, devo prosseguir com a minha viagem?' Monges, agindo assim o homem estaria fazendo o que deveria ser feito com a jangada. Assim, monges, eu vos ensinei *dhamma* – a parábola da jangada –, a seguir adiante, a não se deter. Vás, monges, por compreender a parábola da jangada, deveis rejeitar até mesmo os estados corretos da mente, e mais ainda, seus estados equivocados.[1]

A jangada deste conto é a meditação, que permite que passemos a flutuar onde, de outra maneira, afundaríamos. O rio é *samsara,* a Roda da Vida, os Seis Reinos da Existência, a mente, o corpo e as emoções. A meditação, nesta parábola, é apresentada como um método de desenvolvimento mental que nos permite atravessar as águas da mente. Buda usou esta metáfora repetidas vezes para descrever aquelas qualidades específicas da meditação que a tornam um instrumento útil para a investigação do nosso ser. No primeiro texto do *Samyutta Nikaya (Kindred Sayings),* por exemplo, Buda faz uma alusão a esta função da meditação:

"Senhor, como atravessaste a correnteza [de *samsara*]?
"Sem relutar, amigo, e sem me debater, atravessei a correnteza."
"Ó Senhor, mas como foste capaz de fazê-lo?"
"Quando me demorei, amigo, acabei por ir ao fundo, e quando me debati, fui levado de roldão. Então, amigo, foi por não me demorar e não me debater que atravessei a correnteza."[2]

Talvez não tenha sido uma casualidade o fato de Freud, o grande explorador das profundezas pantanosas do inconsciente, ter encerrado um de seus poucos comentários sobre as experiências de um amigo anônimo com a Ioga citando o poema de Friedrich von Schiller, *The Diver.* Freud usou o poema para justificar o precipitado afastamento daquilo que seu amigo descrevera como uma investigação dos "estados primitivos da mente que há muito estão encobertos." Freud estava estranhamente desinteressado pela ideia de tal tipo de investigação. Era como se temesse naufragar na rudimentar natureza de sua mente primitiva. "Deixe que ele se alegre por respirar aqui, na rósea luz", citou Freud, rejeitando a fascinação do amigo por aquilo a que Freud se referia como "um sem-número de obscuras modificações da vida psíquica."³ O que Freud não compreendeu inteiramente é que, para vivenciarmos a experiência meditativa, não é necessário que nos debatamos nas profundezas; ao contrário, podemos flutuar, sem que seja preciso prender a respiração. De fato, a principal semelhança entre a meditação e a psicanálise está no fato de que ambas recomendam o ponto médio entre relutar e se debater como o enfoque mental mais proveitoso para a nossa experiência.

Há alguns anos, meu professor de meditação, Joseph Goldstein, e eu participamos de um retiro meditativo. Ao rompermos o silêncio, saindo de muitas semanas de prática intensiva, as primeiras palavras de Joseph, pronunciadas com um ar incrédulo e preocupado, foram: "A mente não tem orgulho." O duplo sentido é uma característica das interpretações de Joseph sobre os ensinamentos de Buda: num período de meditação intensa, descobrimos muitas coisas embaraçosas sobre nós mesmos, mas se examinarmos com atenção, não encontraremos ninguém (nenhum *pensador*) para se embaraçar com elas.

É esta combinação de investigação, tolerância e disposição de espírito que sempre me impressionou nos experientes praticantes de meditação que conheci. Não é uma capacidade que se descubra por acaso, nem é algo que se possa garantir que vá surgir apenas com a psicanálise.

CAPÍTULO VI

ATENÇÃO SIMPLES

Em meu primeiro retiro meditativo – um período de duas semanas de silenciosa atenção dirigida ao corpo e à mente – fiquei surpreso ao me dar conta de que estava sentado num refeitório, avaliando superficialmente cada um dos outros cem praticantes, baseando-me em nada além da aparência que tinham ao comer. Instintivamente, eu tentava encontrar quem me agradava e quem não me agradava, e formava uma opinião sobre cada um deles. A tarefa aparentemente simples de observar as sensações físicas, da inspiração e da expiração tivera o desastroso efeito de revelar justamente o quanto meus pensamentos cotidianos estavam fora de controle.

A meditação é implacável ao revelar a dura realidade da rotina da mente. Enquanto respiramos, estamos constantemente resmungando, matutando, maquinando ou sussurrando: consolando continuamente a nós mesmos com nossas vozes silenciosas. Grande parte da nossa vida interior se caracteriza por este tipo de processo primitivo, um modo de pensar quase infantil: "Eu gosto disto, eu não gosto daquilo. Isto machuca'. Como vou conseguir aquilo? Mais disto, menos daquilo." Estes pensamentos emocionalmente matizados são a tentativa de manter em funcionamento o princípio do prazer. Grande parte de nosso diálogo interior, longe de ser o processo secundário "racional" que é comumente associado à mente inteligente, é esta constante reação às experiências de um protagonista egoísta e infantil. Nenhum de nós foi muito além da idade de sete anos, que vigilantemente observa quem ficou com a melhor parte.

A meditação budista toma esta mente despreparada, cotidiana, como seu natural ponto de partida e exige o desenvolvimento de somente uma postura atentiva específica – de simples ou despojada atenção. Definida como "a clara e pura consciência do que realmente acontece *dentro* e *fora* de nós durante os sucessivos instantes de percepção"[1], a atenção simples revela a mente sem tentar modificar nada, simplesmente observando os pensamentos, as emoções e o corpo do modo como eles se apresentam. O princípio fundamental da psicologia budista está no fato de que este tipo de atenção é, em si mesmo, a cura: pela aplicação constante desta estratégia atentiva todos os *insights* de Buda podem ser compreendidos pela própria pessoa. Tão misteriosa quanto a literatura sobre a meditação possa parecer, tão evasivos quanto possam soar os *koans* do mestre Zen, há apenas uma diretriz básica decisiva no pensamento budista. Comum a todas as escolas de pensamento, do Sri Lanka ao Tibete, o tema, unificador da abordagem budista é este extraordinário imperativo: "Preste meticulosa atenção, de instante em instante, ao que você está vivenciando precisamente, neste exato momento, desligando as suas reações dos acontecimentos sensoriais em seu estado natural." É isto que se entende por "atenção simples": apenas a simplicidade dos fatos, seu exato registro, permitindo que as coisas falem por si, tal como se fossem vistas pela primeira vez; fazendo a distinção entre as nossas reações e o centro dos acontecimentos.

REDUÇÃO DA REATIVIDADE

É esta estratégia atentiva que procuramos através do caminho da meditação. O início e o seu ponto culminante são os mesmos, apenas os objetos da consciência mudam. Começar pela inspiração e expiração, a seguir observar as sensações relacionadas com o corpo, os sentimentos, os pensamentos, a consciência e finalmente chegar à percepção do Eu. Assim, a meditação exige a aplicação da atenção simples a estes fenômenos progressivamente mais sutis. Culminando em um estado de *consciência não--seletiva*, na qual as categorias de "observador" e "observado" já não operam mais, a atenção simples finalmente anula a autoconsciência e permite o tipo de espontaneidade que há muito intriga aqueles que observam as práticas orientais a partir de um ponto de vista psicológico. É esta espontaneidade que os psicólogos ocidentais confundem com a ideia do eu verdadeiro. Para o Budismo, estas ações autênticas surgem da clara percepção decorrente da atenção simples, não sendo necessário pressupor um *agente* para executá-las.

O caminho para alcançarmos o potencial transformador da atenção simples tem uma exigência – aparentemente simples – que é a de separarmos nossas reações do centro dos acontecimentos. Na maior parte do tempo, nossos pensamentos cotidianos estão imersos em um estado de reatividade. Acreditamos que isto seja inevitável, não questionamos as identificações automáticas que estabelecemos com nossas reações e vivenciamos a nós mesmos à mercê de um mundo exterior frequentemente hostil e frustrante, ou de um mundo interior opressivo e assustador. Por meio da atenção simples, passamos desta identificação automática com nossos medos e frustrações para um lugar que nos oferece a vantagem de podermos tratar o medo e a frustração com o mesmo interesse desapaixonado que dedicamos a qualquer outra coisa. Ganha-se uma enorme liberdade com tal recurso. No lugar de fugir das emoções difíceis, (ou aguardar o momento de enganá-las), o praticante da atenção simples se torna capaz de *abarcar* qualquer reação: dando-lhe espaço, mas não se identificando completamente com ela, devido à presença concomitante da consciência não-julgadora.

Tenho um paciente que ilustra perfeitamente esta questão. Temporariamente abandonado pela mãe com a idade de seis anos, devido a um esgotamento nervoso sofrido por ela, Sid passou a desenvolver, na idade adulta, um amor obsessivo depois do outro, todos por mulheres com quem tinha apenas aventuras passageiras. Ele costumava persegui-las; procurava-as pelo telefone;

escrevia-lhes cartas tristes, longas e enfadonhas, nas quais explicava minuciosamente que havia sido mal compreendido; falava com elas incessantemente em pensamento, explicando-lhes suas boas intenções, detalhando o quanto havia sido injustiçado. Cada uma de suas obsessões durava quase um ano, e Sid considerava de pouca ajuda qualquer interpretação que eu fizesse sobre o fato de os sentimentos por essas mulheres estarem relacionados com reações da época em que sua mãe se ausentara, às quais ele ainda não havia examinado. Em nossos encontros, Sid não ia além de repetir continuamente: "Isto dói. Isto dói." Depois de muitas sessões iguais a esta, comecei, enfim, a encorajá-lo a ir fundo em sua dor, dizendo-lhe que sentisse a dor *e* todas as reações que ela provocava, sem se preocupar em agir. Não houve uma mudança imediata, mas alguns meses depois, Sid apareceu para sua sessão semanal menos agitado.

"Sabe, alguma coisa que você andou me dizendo realmente ajudou", disse ele. "Você me disse para simplesmente sentir a dor. Pois bem, na outra noite, em vez de discar o número da Rachel, resolvi fazer uma tentativa. Então decidi que, mesmo que isso fosse me matar, eu simplesmente ficaria parado lá onde estava e sentiria a dor. E foi isso o que fiz."

Nesse momento, Sid levantou os olhos para mim em silêncio e seu olhar me transmitia, ao mesmo tempo, profunda dor e triunfo. Ele começara a usar a atenção simples para dominar sua mente. Não mais sendo levado a representar sua dor telefonando obsessivamente para as mulheres que ele imaginava fossem fazê-la diminuir, Sid conseguiu interromper o comportamento que acabava por perpetuar seu isolamento. Ao fazer isto, deu início ao processo de aceitação dos seus próprios sentimentos difíceis. O paradoxo da atenção simples, contudo, é o fato de que aceitar é, simultaneamente, deixar partir. O pavor, ou medo, da dor, que levava Sid a correr atrás dessas mulheres em busca de proteção, tornava a dor ainda mais insuportável. Somente quando ele enfrentou as emoções com firmeza pôde vê-las como realmente eram: velhos sentimentos, que, por nunca terem sido plenamente vivenciados, comprometiam toda a sua vida emocional. Quando Sid encontrou a maneira de conviver com esses sentimentos sem ter de reagir continuamente a eles, tornou-se capaz de vivenciar a si mesmo como algo mais do que um amante injustamente rejeitado. Ele estava transformando suas reações emocionais em uma consciência não-julgadora; não a serviço da negação, repressão ou supressão, mas em favor do crescimento e da flexibilidade.

Um famoso haicai japonês ilustra a capacidade que Sid descobrira em si mesmo. É aquele que Joseph Goldstein tantas vezes usou para descrever a excepcional postura atentiva da atenção simples:

O velho lago.
Um sapo salta.
Plop![2]

Como o restante da arte japonesa, o poema expressa a ênfase do Budismo sobre a atenção pura diante dos frequentes detalhes da nossa vida cotidiana que nos passam desapercebidos. E ainda, o poema pode ser lido sob outro ângulo. Assim como na parábola da jangada, a água do lago representa a mente e suas emoções. O sapo que pula dentro dela é como um pensamento ou sentimento surgindo na mente ou no corpo, enquanto o "Plop!" representa a reverberação do pensamento ou sentimento, sem a elaboração promovida pelas forças da reatividade. O poema como um todo evoca o estado de atenção simples em sua mais absoluta simplicidade.

A ARTE DA PSICANÁLISE

Freud recomendava um estado bastante similar ao acima descrito, durante o exercício da psicanálise. Ele parece ter se deparado com esse estado ao analisar seus próprios sonhos, algumas vezes utilizando seu interesse prévio pela arte da hipnose. Freud se referiu a este particular emprego da atenção em seus escritos, quando discutiu a interpretação dos sonhos, a associação livre, e a "atenção uniformemente flutuante", a postura atentiva por ele recomendada aos que exercem a psicanálise.[3] Não há provas de que Freud estivesse influenciado diretamente pelos métodos budistas, mas a semelhança de suas recomendações, quanto ao modo de escutar os pacientes, com aquelas ensinadas por Buda não pode ser negada.

O principal avanço de Freud, ao qual ele se refere inúmeras vezes em seus escritos, está na descoberta de que era realmente possível suspender o que ele denominou "faculdade crítica." A suspensão da faculdade crítica foi, de fato, o que fez com que fosse possível a Freud o exercício da psicanálise. Ele realizou esta façanha sem ajuda externa, aparentemente ensinando a si mesmo sem saber que esta é a postura atentiva que os praticantes de meditação budista vêm utilizando há milênios.

Os escritos de Freud sobre o assunto revelam a principal característica que está na essência da atenção simples – sua imparcialidade. Aconselhando repetidas vezes os psicanalistas a "suspender ... o julgamento e prestar ... imparcial atenção a tudo quanto esteja disponível à observação"[4], Freud insistia que, nestas condições, é possível compreender o fenômeno psíquico de modo surpreendente. Embora continuasse interessado pelo *conteúdo* psíquico, Freud encorajava seus seguidores a praticar a atenção uniformemente flutuante, uma espécie de meditação introdutória. Todas as suas instruções traziam a clareza dos melhores professores budistas. Em seu artigo definitivo sobre o assunto, Freud pode ser apreciado em sua melhor forma Zen:

> O critério para o médico pode ser assim expresso: "Ele deve recusar todas as influências conscientes de sua capacidade de estar disponível, e se entregar completamente à sua 'memória inconsciente'." Ou, para colocar em termos puramente técnicos: "Ele deveria simplesmente escutar e não se preocupar se está retendo algo em sua mente."[5]

Esta disposição para simplesmente ouvir com imparcialidade é, ao mesmo tempo, inteiramente natural e terrivelmente difícil. É um desafio para o terapeuta deixar de lado o desejo pela cura do paciente, suas conclusões imediatas sobre as declarações do paciente e seus *"insights"* sobre as causas do sofrimento para que possa continuar a ouvir de seu paciente o que ainda não compreendeu. É um desafio ainda maior dirigir esse tipo de atenção sobre si mesmo, tal como o exige a prática da meditação, separando-nos de nossas próprias reações, deslocando-nos de uma identidade que se baseia no que agrada e no que desagrada para uma outra que se baseia na consciência imparcial e não-julgadora. A atenção simples exige que seu praticante não tente se proteger do desprazer, aceitando tudo aquilo que lhe seja oferecido.

RECEPTIVIDADE

Outra qualidade importante da atenção simples – a receptividade – surge da capacidade de aceitarmos o que nos seja oferecido. Exigindo do praticante que examine com lentes de aumento, e não com um olhar tacanho, esta receptividade cria um ambiente intrafísico propício à exploração do particular e do privado. É a receptividade de uma mãe que é capaz, como D.W Winnicott apontou em seu famoso ensaio *The Capacity to Be Alone,* de permitir que o filho brinque em sua presença sem interrompê-lo.[6] Este tipo de receptividade que significa não interferir, é uma qualidade que a meditação nos proporciona com toda a segurança.

O já falecido compositor John Cage, que era profundamente influenciado pela filosofia budista, nos dá um exemplo desta receptividade em suas reflexões sobre som e música:

> Desenvolver um ouvido para os sons que são musicais é como desenvolver um ego. Você passa a rejeitar os sons que não sejam musicais e, desse modo, se afasta de muitas experiências...
> A mudança mais recente em minha postura face ao som tem a ver com os sons fortes, como alarmes de carros ou alarmes contra ladrões, que costumavam me irritar e que agora aceito e até apre-

cio. Acredito que esta transformação tenha começado com uma colocação de Marcel Duchamp. Ele dizia que quando os sons se mantêm em um determinado lugar sem se alterar são capazes de produzir uma escultura sonora que se perpetua no tempo. Isso não é lindo?[7]

Quando somos capazes de desenvolver esta postura em relação aos nossos próprios alarmes internos, começamos a perceber a relevância do enfoque budista.

Um paciente, que recentemente se consultou comigo, viu-se diante dessa situação por causa de sua própria versão dos alarmes disparados, que fez com que quisesse desistir de tudo. Paul era o único filho de uma mãe extremamente ansiosa, que vivia se queixando de tudo e cujo marido a havia abandonado quando Paul tinha apenas seis anos. Paul passou a maior parte de sua pré-adolescência sozinho, em casa com a mãe, dormindo na mesma cama que ela e consolando-a quando estava deprimida. Ele tinha pouquíssimas lembranças de sua infância, mas lembrava muito bem do dia em que seu pai quebrou seu disco favorito porque o escutava continuamente, enquanto chorava sozinho. Já adulto, Paul vivia a maior parte do tempo angustiado e deprimido, queixando-se de não se sentir verdadeiro. Ele descrevia a si mesmo como uma "pilha de nervos", bom para lidar com problemas, mas não se sentia estimulado, nem convicto do que estava fazendo. Contudo, tinha dificuldades para falar sobre o que o deixava angustiado, e foi espantosamente difícil para ele analisar o desconforto que sentiu em suas primeiras sessões. Revelou-me que tinha medo de encarar suas ansiedades porque faziam-no lembrar-se das de sua mãe, fazendo-o sentir-se tão desequilibrado quanto ela.

A tarefa de Paul, na terapia, foi aprender a aplicar a atenção simples à sua própria angústia, sobre a qual sabia muito pouco. Sua primeira reação foi sentir medo e agir severamente para com sua angústia. Quando aprendeu a isolar essa reação inicial, a estar com seu medo, foi capaz de distinguir *suas* angústias das de sua mãe, e compreender que seus pais tinham sido incapazes de reconhecer, ou suportar, esses mesmos sentimentos quando os viram surgir no filho. Tanto a psicoterapia quanto a meditação tinham algo fundamental a oferecer a Paul: cada uma à sua maneira, puderam ensiná-lo a estar com seus sentimentos sem julgá-los tal como seus pais o haviam feito. Apenas por estar com seus sentimentos verdadeiros, Paul reconquistou a autoconfiança e passou a se sentir uma pessoa verdadeira.

A atenção simples requer uma *receptividade* às experiências internas e sensoriais que poucas vezes sobrevivem à nossa infância. A criança que, como Paul, é obrigada a suportar, como uma forma de reação, a melancolia dos pais, perde contato com seus próprios processos internos. Compelida a responder às necessidades dos pais, esta criança renuncia à capacidade de abrir--se para aquilo que considera, por necessidade, menos urgente, ainda que seja seu próprio eu. Assim, um falso eu é construído e o caráter narcisista, que na verdade não se recorda de como é sentir, nasce.

Por separar completamente o eu reativo do âmago da experiência, a prática da atenção simples finalmente devolve o praticante da meditação a um estado de receptividade incondicional que guarda uma semelhança significativa com o sentimento gerado por pais mais atenciosos. Consegue fazê-lo porque revela insistentemente as reações do eu, devolvendo continuamente ao praticante de meditação o material da experiência em seu estado natural. Para Winnicott, só na "condição de não ter de reagir" o eu pode "começar a ser."[8]

ASSOMBRO

Como foi dito anteriormente, a atenção simples é imparcial, receptiva e não emite juízo de valor. É também profundamente interessada, como uma criança diante de um novo brinquedo. O lema fundamental da literatura budista é aquele de "não se aferrar e não censurar", uma postura que Cage demonstrou em relação aos alarmes de carro, que Winnicott descreveu com sua "maternidade suficientemente boa", que Freud recomendou aos psicoterapeutas no exercício da profissão, e que os praticantes de meditação devem desenvolver em relação aos seus próprios sofrimentos, sejam eles emocionais, psíquicos ou físicos. A descoberta mais importante que fazemos num primeiro retiro meditativo (depois de constatarmos como as nossas mentes estão fora de controle) é que a experiência da dor abre caminho para a tranquilidade, se for sentida contínua e desapaixonadamente pelo tempo suficiente. Uma vez que as reações à dor – aversão, raiva, medo, tensão e assim por diante – estejam completamente separadas da pura sensação, em algum momento esta sensação de dor cessará.

O psicanalista Michael Eigen, em seu ensaio intitulado *Stones in a Stream*, descreve assim sua primeira experiência mística:

> Certa vez, lembro de ter meus vinte e poucos anos, estava dentro de um ônibus sentindo uma grande angústia. Voltei-me completamente para a minha dor e concentrei-me nela com uma intensidade cega. Sentado lá, num estado miserável, fiquei assombrado quando a dor se tornou rubra, depois se transformou em escuridão (como se todas as luzes tivessem se apagado), e então surgiu um clarão, como se uma vagina se abrisse em minha alma, e transformou-se numa luz radiante. A dor não desapareceu, mas minha atenção foi sustentada pela luz. Senti-me perplexo, enlevado, atordoado frente à consciência de uma existência ampliada. É claro que eu não queria que a luz fosse embora, e tive medo que ela se fosse, mas acima de tudo havia reverência, respeito: ela podia durar o quanto quisesse; ir e vir a seu bel-prazer. Foi um momento inesquecível. A vida nunca mais é a mesma depois de uma experiência como esta.[9]

Uma experiência como esta pode realmente surgir como uma revelação. Quando percebemos que suportar uma dor, da qual habitualmente recuamos pode nos levar a tal transformação, começamos a questionar um de nossos pressupostos básicos: o de que devemos rejeitar aquilo que não nos faz sentir bem. Ao contrário, descobrimos que mesmo a dor pode ser interessante.

NOSSA PRÓPRIA MENTE

Outra característica da atenção simples – o destemor – nasce deste interesse. Em uma das primeiras conferencias sobre Budismo e psicoterapia a que assisti, o psicanalista R. D. Laing afirmava que todos temos medo de três coisas: de outras pessoas, da nossa própria mente e da morte. Sua declaração soou ainda mais poderosa porque veio pouco antes de sua morte. Se a atenção simples tem realmente alguma aplicação, é justamente nestes casos. As doenças físicas costumam nos dar esta oportunidade.

Há alguns anos, meu sogro, um judeu observante que demonstrava pouco interesse pela filosofia oriental, precisou se submeter a uma cirurgia radical e veio se aconselhar comigo, pois sabia que eu estava envolvido em algum tipo de trabalho para a redução do estresse. Ele queria saber como poderia lidar com seus pensamentos enquanto estivesse indo para a cirurgia, e o que fazer à noite, acordado na cama. Eu lhe ensinei a atenção simples dirigida a uma singela prece judaica, e ele, aos poucos, foi capaz de expandir o estado mental desenvolvido em torno da prece, de modo a envolver seus pensamentos, ansiedades e temores. Mesmo quando, logo depois da cirurgia, foi colocado na unidade de terapia intensiva, onde não podia distinguir o dia da noite, nem conseguia se mexer, deglutir ou falar, pôde utilizar a atenção simples para descansar, dispersando seus temores no espaço meditativo de sua própria mente. Alguns anos mais tarde, depois de assistir às cerimônias do Yom Kippur, mostrou-me uma passagem do livro de orações que fez com que se lembrasse do que havia aprendido naquele difícil momento. Não poderia ter encontrado versos mais budistas:

O homem nasce do pó e o seu destino é retomar ao pó; pelo pão, arrisca a vida. O homem é como um fragmento de louça quebrada, pastagem devastada, uma flor que fenece, uma sombra que passa, uma nuvem que se dissolve, um vento que sopra, poeira em suspensão, e um sonho fugaz.

O destemor advindo da atenção simples é igualmente necessário à abordagem psicológica, onde a prática da psicoterapia tem revelado como as defesas do ego podem ser astutas e intransigentes. Mesmo quando estão submetidas à terapia, as pessoas têm medo de descobrir coisas que não gostariam de saber a seu próprio respeito.

Numa recente sessão de terapia, Maddie, uma artista plástica, me disse: "Eu não quero estar aqui, eu não quero ser sua paciente. Isto é humilhante para mim. Gostaria de ser apenas sua amiga." Maddie não quis falar sobre a única questão que teria de discutir comigo na terapia, isto é, o modo como se tornara inacessível à sua companheira. "Acontece com você o mesmo que com ela. É muito trabalhoso", costumava dizer.

De algum modo, consegui fazer com que Maddie percebesse sua relutância em ser minha paciente. Ao transformá-la de obstáculo em sentimento autogerado, Maddie começou a chorar, o que lhe pareceu terrivelmente constrangedor e curiosamente gratificante. Ao que parece, a vontade de chorar era algo que lhe causava muito medo. Dentro dela havia inúmeras vozes dizendo que chorar era sinal de fraqueza, era inadequado, inaceitável, humilhante e proibido. Assim, todos os impulsos que a levavam a se aproximar de sua companheira eram automaticamente sufocados pelo receio de vir a sofrer um colapso parecido na presença dela. Ela havia se retraído em uma postura defensiva, colérica e petulante, e a menor tentativa de sair desta posição lhe dava medo.

Este medo é chamado, nos círculos psicanalíticos, de "resistência". O destemor da atenção simples deve tomar este medo como objeto: entrando em contato com ele, o paciente consegue se tornar mais verdadeiro. Na atenção simples, a coragem – ou destemor – para observar qualquer manifestação desta insegurança surge sempre acompanhada por uma paciência, ou tolerância, igualmente forte para com esse mesmo sentimento. Algumas escolas de psicanálise têm cometido o erro de atacar de modo indiscriminado a resistência, com o propósito de libertar o verdadeiro eu. A este ponto de vista falta a qualidade da tolerância, que permite à pessoa assumir sua resistência, evocando, assim, algum respeito, ainda que relutante, pelo seu próprio envolvimento em sua criação.

No modo budista de abordar esta questão, a resistência é *tudo* o que há para ser analisado; não há um verdadeiro eu à espreita, pronto para ser libertado. Somente quando revelamos nossas inseguranças podemos conquistar um certo grau de liberdade. Quando reconhecemos nosso medo como medo e o envolvemos com a paciência de Buda, podemos começar a descansar em nossas próprias mentes *e* a nos aproximar daqueles que gostaríamos de ter perto de nós.

Foi com isto em mente que apliquei a atenção simples ao caso de Maddie. Inicialmente, foi necessário explorar sua postura defensiva e agressiva; depois, seus temores e tristezas fundamentais. Maddie *era* sua resistência: no momento em que incorporou esta resistência, tornando-se a pessoa irascível, despeitada, medrosa e que não queria ser minha paciente, ela começou a chorar e vivenciou comigo um momento *verdadeiro*, que lhe deixou profundamente envergonhada. Nesse instante, a compreensão correta derivada da atenção simples permitiu a Maddie, usando as palavras de Buda, não se demorar e não se debater. Ao aprender a conviver com seus próprios sentimentos, combinando a coragem e a paciência que a atenção simples requer, Maddie se tornou mais modesta e acessível, capaz de vivenciar a intimidade que ao mesmo tempo temia e ansiava.

ESPAÇO TRANSICIONAL

A última qualidade da atenção simples que eu gostaria de enfatizar é sua impessoalidade. Como um cão vagando sem dono, os pensamentos e sentimentos são tratados pela atenção simples como se também vagassem sem dono. Este enfoque encoraja uma nova interpretação para aquilo que Winnicott denominou "espaço transicional." Há muito reconhecido como o passo decisivo entre a dependência infantil e a capacidade para tolerar a solidão, o espaço transicional tem sido chamado de "área intermediária da experiência"[10], que permite que a criança se sinta confortada quando separada de seus pais. Embora a famosa comparação de Freud entre o misticismo e o sentimento oceânico tenha encorajado gerações de psicanalistas a ver na meditação um atalho para experiências de narcisismo infantil, esta formulação, ao menos no que se refere à atenção simples, falhou claramente em seu propósito. Se os terapeutas reconhecessem a similaridade entre os estados meditativos e o fenômeno transicional, uma evidente ligação entre o Budismo e a psicologia psicanalítica teria se estabelecido há mais tempo.

O objeto transicional – o ursinho de pelúcia, o bichinho de pano, o cobertor ou o brinquedo favorito – torna possível à criança deslocar-se da experiência puramente subjetiva para uma experiência onde as pessoas são verdadeiramente percebidas como os "outros". Não sendo "eu" nem "não-eu", o objeto transicional desfruta de um *status* intermediário especial que os pais respeitam instintivamente. É a jangada que a criança utiliza para chegar ao entendimento do outro.

Muitas características do objeto transicional – sua capacidade de sobreviver ao amor e ao ódio mais intensos; sua resistência às mudanças, a menos que sejam realizadas pela própria criança; sua capacidade de proporcionar proteção e calor, e seu gradual afastamento – são compartilhadas também pela atenção simples. Tal como o objeto transicional da criança, a atenção simples desfruta de um *status* especial junto ao praticante da meditação, pois também ela representa um fenômeno intermediário. Ela difere da nossa habitual consciência subjetiva, e tem sido retratada pela tradição tibetana como um tipo de "consciência espiã" que observa dos quatro cantos da mente.

Como um "observador", a atenção simples é uma reminiscência do objeto transicional, uma vez que, como o ursinho de pelúcia da criança, não representa nem o "eu" nem o "não-eu", mas engloba os dois. Quando os praticantes escutam um ruído forte durante a atenção simples, não distinguem o "ouvinte" do "som". No lugar disso, existe apenas o momento de "ouvir", a junção do interior e do exterior. Neste momento de ouvir, não há o lado de dentro e o lado de fora, da mesma maneira como é impossível dizer se a respiração vem de dentro ou de fora. E esta não é a única semelhança. Assim como o objeto transicional, a atenção simples pode ser uma constante. Nem intensas emoções nem intensos estímulos devem interrompê-la, porque, com sua limpidez, é capaz de refletir como um espelho qualquer coisa que penetre os seus domínios. A imagem que se costuma usar para transmitir esta constância é aquela de um rio que corre por baixo de uma ponte de pedras. Costuma-se dizer que, através da atenção simples, o praticante da meditação deixa de ser o rio e passa a ser a ponte com um rio passando.

Da constância surge a capacidade para conter, ou sustentar, a experiência. Esta capacidade é correlativa ao conforto ou calor que a criança encontra no objeto transicional e ao seu aprendizado de como sustentar a si mesma diante de uma recente separação. No momento em que a criança se sente confortável em relação à separação, abandona gradualmente o objeto transicional. Minha filha de oito anos já não carrega seu ursinho para todos os lugares, mas ainda dorme com ele. À medida em que o praticante de meditação se sente confortável utilizando a atenção simples, também vai se esquecendo dela gradativamente, e então está pronto para mergulhar na consciência não-seletiva.

Ao fazer todas estas comparações, a principal questão a ser lembrada é que a meditação não é transicional *no mesmo sentido* daquele primeiro objeto da criança, que ajudou a atenuar a transição para a separação. A meditação continua, uma vez que a separação esteja mais ou menos concluída. É a transição para algo novo: um estado no qual a realidade do eu separado (e "objeto real") é colocada em questão. Por não se identificar, não se agarrar e não se sentir constrangido pelo que possa surgir, o praticante da meditação abandona definitivamente o modo limitado de focalizar o conteúdo da sua experiência, e passa a ter uma visão cada vez mais ampliada do processo em si. Pensamentos e sentimentos, despidos de seu costumeiro orgulho ou timidez, perdem gradualmente o comando da situação e passam a ser vistos como "simples" pensamentos e "simples" sentimentos.

O objeto transicional descrito por Winnicott capacita a criança a lidar com os intensos sentimentos de desejo e ódio, que devem inevitavelmente ser enfrentados se a criança aceita reconhecer que seu genitor é, na verdade, um outro, e que ela, como consequência, é, na verdade, um eu. O espaço transicional da meditação, por outro lado, nos ajuda a administrar as emoções que perturbam o eu adquirido: orgulho, amor-próprio, presunção, ultraje são sentimentos que surgem quando nosso território é violado. Isto não quer dizer simplesmente que o ódio e a cobiça não se manifestarão na meditação, ou que os seus praticantes não deverão lidar, de certo modo, com impulsos primitivos como a raiva ou o desejo, mas que o espaço transicional da meditação oferece algo diferente daquele da criança. Surgindo logo depois do desenvolvimento do eu (por mais fragmentado, inseguro ou vazio que este eu possa sentir-se), e combinado à presença concomitante da consciência, a meditação oferece um refúgio onde as crenças fixadas sobre um eu separado, que deve ser protegido e defendido, podem ser temporariamente suspensas. A proposta não é simplesmente criar um lugar seguro para o repouso ou uma sensação de ontológica segurança, mas questionar o modo pelo qual, instintivamente, identificamo-nos com nossas respostas emocionais.

Isto está em aparente desacordo com a psicoterapia, o que tem confundido muitos terapeutas interessados na perspectiva budista. Do ponto de vista da psicanálise, é claro, uma pessoa deve aprender a ver aquilo que tem sido rejeitado e aquilo que é inconsciente como algo que é, de fato, gerado pela própria pessoa. Do ponto de vista freudiano, ideias ou sentimentos involuntários devem ser transformados em ideias e sentimentos voluntários: o ego deve aprender a estar onde estava o id. Do ponto de vista budista, o simples ato de reaver ou de entrar em contato direto com nossa experiência abre a possibilidade de compreendermos a impessoalidade desta mesma experiência. Buda acreditava ser necessário chegar a este nível para obtermos o verdadeiro alívio. Seu ponto de vista está em acordo com o de Freud, contudo, adiciona outra dimensão. Buda concordaria com a ideia de que os pensamentos e as emoções podem ser possuídos, mas a menos que ocorra o concomitante entendimento de que nenhum possuidor "inerentemente existente" está presente, a vitória a que Freud aspirava será igual àquela de Pirro.

O PODER DA CONSCIÊNCIA

Destruir a identificação pelo poder da consciência é a grande contribuição da abordagem meditativa, e isto é, com certeza, terapêutico. Os praticantes da meditação, com frequência, notam seus efeitos terapêuticos de modos surpreendentes. Uma velha amiga, com anos de meditação, notou-os quando visitava sua família. A princípio, quando voltava ao lar para um jantar em família, via-se sentada à mesa com seus pais, irmãos e irmãs, e sentia uma flagrante e familiar sensação de desconfortável invisibilidade, de não ser estimada pelo que era. Logo a seguir, via-se escondida na cozinha, comendo compulsivamente.

 Depois de anos de treinamento em meditação, esta mesma mulher fez outra visita à família e, ao sentar-se à mesa, foi tomada pelos mesmos sentimentos. Contudo, desta vez, ficou com eles. Vivenciou sua indignada esperança de obter a atenção da família, a raiva em relação à "recusa" de seus parentes, a decepção consigo mesma por não ser "suficientemente boa" para merecer a atenção deles e a terrível angústia de sentar-se lá sem saber o que fazer para reverter a situação. No entanto, ela não se identificou exclusivamente com esses sentimentos. Foi capaz de deixar que a atravessassem mantendo um certo equilíbrio, sabendo que sua consciência era forte o bastante para sobreviver a esta turbulência. Ela não precisou comer compulsivamente, e decidiu que não ia ficar esperando eternamente pelo tipo de atenção que nunca chegaria a receber. Num certo momento, lembra-se ela, fez uma brincadeira a respeito da comida e riu tanto que chegou a se surpreender.

A meditação ajudou minha amiga de duas maneiras. Em primeiro lugar, ela conseguiu perceber e suportar a perturbadora avalanche de expectativas, a sua justificada indignação, a decepção, o descontentamento e o rancor que antes a levavam a comer compulsivamente. Em segundo lugar, foi capaz de libertar-se das garras dessa inadequação sem simplesmente mandá-la embora, mas reconhecendo-se como algo além de apenas um amontoado de sentimentos. Uma interpretação budista mais cuidadosa sobre este processo poderia sugerir que ela reconhecia a si mesma como *nada além* daqueles sentimentos, mas foi capaz de experimentar a *vacuidade* desses sentimentos, em vez de ser impelida pela realidade a eles intrínseca. De qualquer modo, ela se sentiu mais no controle da situação e menos prisioneira de seus conflitos familiares.

VER COM SABEDORIA

A atenção simples é a técnica que melhor define o modo budista de lidar com a nossa mente e com as emoções. Ela é imparcial, receptiva, não emite juízo de valor, interessada, paciente, corajosa e impessoal. Ao criar um espaço físico análogo – mas não idêntico ao espaço transicional da infância formulado por Winnicott, incrementa a habilidade de transformar os distúrbios físicos em objetos de meditação e transforma a proverbial ameaça em desafio e, por esse motivo, traz imensos benefícios à psicoterapia. Não há experiência emocional, acontecimento mental ou aspecto de nossa vida, rejeitado ou afastado, que não possa ser trabalhado através da estratégia da atenção simples.

Nas tradicionais descrições sobre os avanços da meditação, a prática introdutória sempre envolve um acordo com aspectos inadmissíveis, inexplorados e confusos do nosso ser. Os antigos textos de psicologia budista dizem que, mesmo que tentemos um sem-número de maneiras supostamente terapêuticas, há apenas uma forma de lidarmos a contento com este material: *observando-o com sabedoria*. Tal como Suzuki Roshi, o Primeiro Mestre do Centro Zen de São Francisco, bem colocou em sua conferência intitulada *Mind Weeds*:

> Costumamos dizer: "Arrancando as ervas daninhas, nutrimos a planta." Retiramos as ervas daninhas e as enterramos perto da planta para nutri-la. Portanto, mesmo que você tenha algumas dificuldades ao meditar, mesmo que você sinta uma certa inquietude enquanto estiver sentado, esta inquietude o ajudará. Você não deve se preocupar com a mente. Ao contrário, deve agradecer pelas ervas daninhas porque, ao fim de tudo, enriquecerão o seu exercício. Se você tiver alguma experiência de como as ervas daninhas dentro da mente se transformam em nutrientes, fará progressos notáveis em seus exercícios. Você sentirá os avanços. Você perceberá que elas se transformam em nutrientes ... É assim que se pratica o Zen.[11]

Este é o compromisso da atenção simples e a grande descoberta de Buda. Mas não devemos exagerar a importância dada a esta descoberta, já que, como qualquer psicoterapeuta experiente poderia confirmar, a análise consegue facilmente dar o entendimento sem o alívio. A meditação oferece um método de reciclarmos a dor física, trazendo este mesmo alívio que é, sob outros aspectos, tão vago. Esta é a explicação para a extraordinária atração que ela exerce sobre aqueles que estão familiarizados com a psicoterapia. A meditação oferece um método de lidarmos com o material emocional que pode ser aplicado nas melhores psicoterapias, mas que raramente é feito de forma explícita. Buda foi um mestre ao explicitar esse método.

CAPÍTULO VII

A PSICODINÂMICA DA MEDITAÇÃO

Ainda que com muitas semelhanças, a meditação e a psicoterapia não são iguais. Pessoas idênticas, empenhadas nessas duas buscas, viverão experiências completamente diferentes. A psicoterapia psicanalítica tende a nos proporcionar experiências que tornem a encenar relacionamentos emocionais anteriores e constituintes, para que a história da pessoa possa ser, na prática, *reconstruída*. Já a meditação budista intensifica certas funções do ego, de maneira que o sentimento do eu seja ao mesmo tempo glorificado e *desconstruído*. A psicoterapia frequentemente cria uma narrativa que explique a história da pessoa, enquanto a meditação é um processo de questionamento daquelas metáforas elementares que criamos para que possamos entender a nós mesmos. Na psicoterapia, a experiência que mais mobiliza as nossas emoções é a da transferência, que revela de que maneira os relacionamentos mais antigos continuam moldando e definindo as interações atuais, como fica demonstrado através do presente relacionamento com o terapeuta. As experiências mais estimulantes da meditação são aquelas que permitem que o praticante fique face a face com as mais variadas e preciosas imagens do eu, apenas para revelar, em última instância as deficiências dessas mesmas imagens.

Muito do que ocorre ao longo da meditação tem uma função terapêutica, visto que ela persegue os mesmos objetivos da terapia, tais como a integração, a humildade, a estabilidade e o autoconhecimento. Contudo, existe algo no propósito da meditação budista que vai além daquele da terapia e que visa a um horizonte ainda mais amplo do autoconhecimento, normalmente impossível de ser conquistado apenas com o auxílio da psicoterapia. Enquanto a psicanálise aborda o relacionamento terapêutico, aperfeiçoando-o através da influência da postura analítica do terapeuta, a meditação se concentra sobre as qualidades verdadeiras da mente, aperfeiçoando-as internamente para que o poder de observação da pessoa seja aumentado. Com o crescimento de sua capacidade contemplativa, o praticante da meditação se torna apto a investigar e controlar aquilo que poderíamos melhor descrever como "obstáculos para a construção do autoconhecimento", a ânsia básica que dá origem ao sentimento do eu. Agindo assim, nosso arraigado sentimento do eu se transforma profunda e definitivamente. A diferença entre estes dois métodos pode ser descrita através dos exemplos que apresento a seguir.

Jean era uma pessoa cheia de qualidades, com muitos anos de experiência em meditação. Tinha passado por uma infância terrível e procurou a ajuda da terapia para tratar o que costumava chamar de "problemas de relacionamento." Depois de um ano de terapia, em que demonstrou ser capaz de conversar sobre as mais variadas questões espirituais e psicológicas, ficou claro que, de certo modo, Jean estava me evitando. Ao mesmo tempo, começou a falar de seu desapontamento com a terapia, que parecia não corresponder às suas expectativas. Além disso, não sabia exatamente quais fossem essas expectativas. Pouco tempo depois, fizemos uma descoberta ainda mais instigante. Enquanto eu continuava com a sensação de que ela, duvidando da terapia, se esquivava de mim, Jean teve a súbita sensação de estar diligentemente evitando que eu me tornasse importante para ela. "Se eu me importar com você, você me abandonará", deixou escapar, associando-me imediatamente a cada uma das figuras que foram importantes para ela no passado e que tinham se comportado assim. A partir dessa percepção, começamos a analisar o *modo através do qual* Jean evitava se afeiçoar às pessoas, usando os incertos elementos da transferência como laboratório onde examinávamos de perto cada detalhe. Aproveitamos da terapia o que ela tinha de melhor a oferecer: fazer com que Jean se tornasse capaz de ver que vinha inconscientemente reproduzindo o comportamento que um dia fora adaptativo, mas que agora era uma mera repetição, e utilizar o seu relacionamento com o terapeuta para evidenciar a inconsciente inibição de si mesma.

A meditação, por outro lado, principalmente em suas formas mais desenvolvidas, se concentra sobre questões menos específicas. Quando começamos a praticar a meditação, os temas psicológicos costumam predominar. Mas quando os exercícios de concentração, conscientização e *insight* analítico estão desenvolvidos, a psicodinâmica se altera. Os temas emocionais relativos à nossa infância com frequência recuam e o objetivo passa a ser examinar de que *maneira* vivenciamos a nós mesmos. Algumas vezes, os praticantes da meditação precisam retornar ao nível psicológico para trabalhar sobre um problema específico. Jean possuía uma ampla experiência meditativa. Ela revelou, por exemplo, muita angústia, dor e perda, e experimentou estados de paz e alegria que fizeram com que se sentisse novamente segura quanto à vitalidade do seu ser. Contudo, em suas atividades meditativas, jamais esteve diante do fato de estar sempre evitando sentir interesse por qualquer pessoa. A meditação profunda é muito mais genérica que a psicoterapia, preocupa-se mais com as qualidades fundamentais do ser do que com os detalhes individuais da história desse ser. Não interessa questionar *o que* está se repetindo, mas indagar *quem* tem a necessidade de repetir um determinado comportamento.

TERROR E DELEITE

As melhores descrições a respeito das reais experiências psicológicas reveladas através da meditação profunda estão no

Visuddhimagga (Caminho da Purificação), um manual de meditação do século IV, escrito na ilha do Sri Lanka por um budista indiano de nome Buddhaghosa. No *Visuddhimagga* está exposta a primeira visão budista do que podemos conquistar psicologicamente se cultivarmos certos aspectos específicos da mente que podem ser desenvolvidos através da prática da meditação. Como definição do perfil da mente meditativa, este manual é inigualável. Através do desenvolvimento incessante da concentração (capacidade de descansar a mente em um único objeto de consciência) e conscientização (habilidade para deslocar a atenção através de uma sucessão de objetos de consciência), o praticante da meditação finalmente atinge uma variedade de estados que poderíamos dividir em duas categorias: os estados de *terror* e *deleite*. São estados que se manifestam com pouca frequência na psicoterapia, ainda que possam ser vislumbrados ou evocados, mas não conseguem ir adiante, como inevitavelmente acontece com a prática da meditação. Seu aparecimento se dá pelo desenvolvimento de certas funções do ego que vão além do âmbito das operações normalmente realizadas no dia-a-dia.

Vejamos as clássicas descrições de alguns desses estados. As experiências de deleite, por exemplo, se caracterizam por graus variáveis de felicidade ou êxtase, divididos em cinco categorias:

> *A pequena felicidade* consegue apenas arrepiar os pelos do corpo. *A felicidade temporária* é como o brilho momentâneo do relâmpago. *A felicidade torrencial* avassala o corpo inúmeras vezes, como ondas do mar em saraivadas sobre o litoral... A *felicidade enaltecedora* pode ser suficientemente poderosa a ponto de fazer o corpo levitar, arremessando-o ao ar... Mas quando a *felicidade penetrante (o êxtase)* se manifesta, o corpo todo é impregnado por ela, como esponja intumescida pelas águas, como caverna encravada nas rochas invadida por extraordinária inundação.[1]

As experiências de terror, por sua vez, revelam a precariedade do sentimento do eu e a falta de solidez do terreno onde se ergue a ânsia narcisista. Estas experiências acabam por arrancar o tapete de sob os nossos pés, abalando os alicerces sobre os quais construímos uma imagem convencional de nós mesmos. São experiências de natureza completamente diferente daquelas do deleite, como podemos perceber através da leitura de outra descrição, retirada do mesmo texto:

> Quando ele repete, desenvolve e cultiva deste modo a contemplação da dissolução ... então imagens ... aparecem para ele sob a forma de um grande terror, como leões, tigres, leopardos, ursos, hienas, espíritos, ogros, touros bravios, cães selvagens, elefantes enfurecidos pelo cio, hediondas serpentes venenosas, raios, cemitérios, campos de batalha, minas de carvão em chamas, aparecem a um homem medroso que quer apenas viver em paz. Quando, neste estágio, vê que as imagens do passado cessaram, as do presente cessam e aquelas que serão geradas no futuro cessarão exatamente da mesma forma, o que é chamado de Conhecimento de Aparência como o Terror surge dentro dele.[2]

O que os ocidentais não conseguem compreender é que experiências como estas dependem de um ego que, no sentido psicanalítico, seja capaz de suportar e integrar o que, em condições normais, seria extremamente desestabilizador. Somos desafiados a vivenciar o terror sem medo e o deleite, sem apego. A tarefa da meditação, em um certo sentido, é forjar o desenvolvimento de um ego que seja suficientemente flexível, lúcido e equilibrado, capaz de passar por tais experiências.

Sob uma outra perspectiva, a tarefa da meditação é enfrentar os apegos que tornam impossível a conquista de tal ego. Invariavelmente, estes apegos são narcisistas. Como a meditação revela, os aspectos mais grosseiros do eu, quando se caracterizam por um turbilhão de emoções ou por uma mente inquieta, tendem a se acalmar, mas em seu lugar os apegos ou identificações mais sutis tornam-se visíveis. Neste sentido, a meditação se assemelha, sob todos os aspectos, a um labirinto onde cada nova abertura, cada nova percepção sobre o eu revela uma nova oportunidade para o apego e a libertação. O que o praticante da meditação deve continuar enfrentando é sua própria tendência à presunção ou orgulho, sua ânsia por uma certeza, sua própria habilidade de cooptar o processo meditativo para uma finalidade narcisista. A meditação é um método que expõe incansavelmente o narcisismo, ressaltando cada uma das alterações que ocorrem no processo de experimentação de si mesmo, para que nenhum aspecto possa ser aproveitado para o seu recrudescimento.

Os praticantes da meditação, de todos os estágios, tendem a usar suas experiências e *insights* de modo a reforçar a sensação de serem pessoas especiais, mas, na verdade, o caminho da meditação consiste no contínuo desnudamento e na elucidação desses impulsos, através da coragem de estar sempre a investigar *onde* mais poderão ser diagnosticados. Quando pela primeira vez experimentei a felicidade torrencial na meditação, fiquei extasiado. Pensei ter vivenciado algo impressionante. Contudo, esta experiência, na verdade, simplesmente me ofereceu a oportunidade de perceber que eu acreditava ser alguém especial e que esse sentimento também era fugaz. Quando este processo se repete, o modo como habitualmente pensamos e percebemos a nós mesmos é alterado, e as metáforas que inconscientemente usamos para compreender o próprio eu passam a ser questionadas.

DIVISÃO DO EGO:
O INÍCIO DA MEDITAÇÃO

Os exercícios meditativos preliminares estão mais próximos da psicoterapia – em muitos sentidos – do que aqueles exercícios propostos posteriormente no caminho da meditação, e por isso costumam ser os mais difíceis de serem executados com sucesso por iniciantes. As semelhanças podem ser irresistíveis e sedutoras, e muitos praticantes da meditação "com inclinação para a psicologia" trabalharam arduamente tentando "fazer terapia" enquanto aparentemente meditam. Uma vez que a meditação e a psicoterapia dependem ambas de uma divisão terapêutica do ego, pode surgir a dúvida sobre *qual* dos processos escolher. O ego observador, quer se empenhe na atenção simples ou na associação livre é, apesar de tudo, fortalecido com a prática da meditação.

Um psicanalista que conheço, tendo se submetido a cinco anos de psicanálise, fez uma descrição de seu primeiro retiro meditativo, onde, pela primeira vez, compreendeu o que significa associação livre. Ele descobriu que a contínua utilização da atenção simples fortalece o ego observador a um nível onde a associação livre é realmente possível. Esta descoberta costuma ser tão compensadora que, para trilhar o caminho da meditação, a atenção simples muitas vezes não precisa se desenvolver *para além* da etapa da associação livre. Contudo, a meditação finalmente exigirá algo mais que o mero encadeamento de associações mentais e emocionais, ainda que sejam instigantes e assustadoras, e por mais importantes que possam ser para uma bem-sucedida psicoterapia.

Quando os psicólogos Daniel Brown e Jack Engler observaram um grupo de experientes praticantes de meditação, concluíram, para sua surpresa, que estas pessoas eram tão ansiosas quanto quaisquer outras. No grupo observado não havia nenhuma redução dos conflitos internos, mas apenas uma "acentuada postura não defensiva ao vivenciar tais conflitos."[3] As implicações de tal descoberta são profundas porque Brown e Engler perceberam que a meditação, por si só, não é particularmente eficaz na tentativa de solucionar problemas emocionais. Ela pode, digamos, preparar o terreno, tornando a pessoa mais receptiva e menos defensiva, mas sem a intervenção do terapeuta há um perigo bastante real de ocorrer uma paralisia. Neste ponto estamos diante do nosso primeiro paradoxo: a meditação, ao que parece, é capaz de produzir o tipo de ego suficientemente forte necessário a uma psicoterapia bem-sucedida, mas não pode cumprir sozinha a função que cabe à psicoterapia. Tal como discutiremos na parte III, a meditação também pode ser de grande utilidade para o processo psicoterápico, promovendo o que Freud chamou de "elaboração", mas isto só pode acontecer depois que a psicoterapia já tenha sido iniciada.

DEMORANDO-SE NA DOR

Acontece com frequência que a experiência meditativa inicial – ou seja, a primeira experiência com a prática intensa de exercícios – revele o que poderia ser melhor definido como um tipo de desejo primitivo. No fundo, é o desejo da plenitude, ainda que os conteúdos do indivíduo variem, é claro, com a sua história. Minha paciente Jean, por exemplo, a quem me referia no começo deste capítulo, sentia este desejo como o anseio por um relacionamento satisfatório. Com frequência, este desejo requer atenção terapêutica, pois o praticante da meditação, tentando solucionar o problema através da fantasia, da obsessiva reflexão ou da catarse, acaba apenas prolongando o estado previamente mencionado de paralisia. Jean se debateu com este desejo durante muitos meses, antes de criar coragem para procurar ajuda terapêutica. Outras pessoas precisam de um tempo ainda maior.

Na perspectiva budista, este desejo é importante porque mostra que o praticante da meditação pode estar intensamente *identificado* com este estado de paralisia. "Quem é o eu que deseja?", pergunta continuamente o professor budista. O problema para muitos dos ocidentais que praticam meditação é que esta abordagem é, a princípio, muito impessoal. A dor psíquica revelada neste estágio e caracterizada por um forte desejo é, com frequência, tão fundamental e tão profundamente pessoal que o praticante da meditação nunca consegue abandonar a esperança de que a meditação por si só possa magicamente curá-lo. Seria muito melhor se, neste ponto, procurasse ajuda terapêutica, em vez de ficar se lamentando no inferno de suas próprias fantasias, tentando secretamente superar sua dor através da prática da meditação enquanto, de fato, está apenas demorando-se em seu próprio anseio.

Buda falou indiretamente sobre esta tendência em seus ensinamentos sobre o Caminho do Meio, quando se pronunciou contrário à busca da felicidade através da penitência. Tais práticas ascéticas, alertou ele, não trazem nenhum benefício. Muitos estudantes ocidentais, ao adotar tais práticas, ficam prisioneiros de uma versão contemporânea daquilo contra o qual Buda nos alertou, por negarem a necessidade de cuidados terapêuticos e acreditarem que serão capazes de "ajudar a si mesmos" através da meditação. Ao rejeitar a psicoterapia estão, não obstante, condenados a seguir utilizando a meditação de forma clandestina para uma finalidade psicoterápica. Tal como Buda se referia aos ascetas de seu tempo: são como um cego guiando outro cego.

Quanto a Jean, a meditação alertou-a para a necessidade de iniciar a sua psicoterapia. Ela foi até o fim em sua busca, descobriu que vinha mantendo reprimido seu interesse por outras pessoas e não perdeu tempo combatendo seu sentimento de inadequação na privacidade da meditação. Muitos não fazem esta transição de maneira tão linear e se enamoram do eu observador que surge nos primeiros estágios da meditação, utilizando a capacidade de observação de si mesmos como um meio de escapar à responsabilidade pessoal. Eles observam sua própria dor sem perceber que estão contribuindo para que ela exista.

REVELANDO A METÁFORA ESPACIAL

Quando nos submetemos pela primeira vez à prática da meditação, a premissa operacional básica a respeito da natureza do nosso eu quase sempre envolve uma metáfora espacial. Isto também é verdadeiro no início da maioria das psicoterapias. Nós todos estamos inclinados a refletir sobre o eu como fez Freud, usando termos relacionados com o espaço: o eu seria uma entidade delimitada, formada por camadas e um núcleo, tal como uma cebola, um edifício ou um sítio arqueológico. "A mente é o lugar onde as coisas acontecem", dizia o psicanalista Stephen A. Mitchell. "O eu é alguma coisa dentro deste lugar que é formado por partes ou estruturas constituintes."⁴ Uma das consequências deste modo de pensar é que alimenta a tendência de procurarmos por um "núcleo" ou um eu verdadeiro no "centro" do nosso ser. Outra consequência pode ser vista no anseio pela "plenitude", que é tão comum entre aqueles que se iniciam tanto na psicoterapia quanto na meditação. Só quando o eu é concebido em termos espaciais, o desejo pela plenitude é tão atraente.

No início da prática da meditação, as metáforas espaciais predominam. O ego sofre uma "divisão" ("*split*")*, com o eu observador se exercitando na percepção dos "objetos" da mente e do corpo. A mente é, com frequência, apreendida como um vasto espaço dentro do qual florescem as várias partes do eu, como uma caverna que deve ser penetrada, ou como uma planta que deve ser esmiuçada até a raiz. É comum que os iniciantes se sintam vazios, que não consigam ver um sentido para tudo isso ou que enfrentem a sensação de vacuidade combinada a um desejo de perfeição ou plenitude. Isto normalmente é um sinal, em termos psicodinâmicos, de que algum aspecto afastado ou negado do eu deve ser reintegrado através da terapia. Também aqui a metáfora operacional básica continua sendo aquela fundamentada no espaço, e que carrega a crença implícita na "reificação" do eu, na possibilidade de encontrar o núcleo, a raiz, o centro ou a nossa "verdadeira" identidade. A meditação toma esta metáfora espacial como ponto de partida e começa a brincar com ela, no princípio provocando-a gentilmente, como um gato com uma bolinha de barbante, para então fazê-la explodir com a intensidade concentrada daquela que o psicólogo e escritor Daniel Goleman denominou "mente meditativa."⁵ De fato, a característica discriminadora da meditação budista é a forma como procura erradicar, de uma vez por todas, a concepção do eu como entidade. Por caminhos diferentes, as três principais estratégias meditativas –

---

* *Termo utilizado em psicanálise para designar a divisão ou clivagem do ego. (N. da T.)*

concentração, conscientização e *insight* – estão todas trabalhando por este mesmo fim.

CONCENTRAÇÃO CORRETA: EXPLORANDO A METÁFORA ESPACIAL

Quando nos falou da Senda Óctupla, Buda referia-se especificamente ao aperfeiçoamento de dois tipos especiais de atenção: a concentração e a conscientização. Elas não são iguais. Tradicionalmente, a concentração é ensinada primeiro. Ao direcionarmos continuamente a atenção para um objeto central de consciência – uma palavra, um som, uma sensação, uma imagem visual ou uma ideia – são gerados na mente e no corpo sentimentos de tranquilidade. A mente inquieta e discursiva é acalmada e as experiências de deleite começam a desabrochar. Contudo, na psicologia budista tradicional, estas experiências são tratadas basicamente como efeitos secundários dos exercícios de concentração. Devido ao seu poder de sedução, são continuamente combatidas mas, mesmo assim, o desenvolvimento da concentração continua a ser encorajado e perseguido. Por quê?

A resposta está no fato de os exercícios de concentração terem o poder de alterar a metáfora espacial do eu. Não há nada que caracterize melhor os estados avançados da técnica de foco-único do que a dissolução dos limites do ego e os sentimentos de fusão, união e harmonia com o universo, que levaram Freud a denominá-las experiências *oceânicas*. Psicodinamicamente, decerto representam um tipo de experiência *ideal,* mas decididamente não era esta a função que os teóricos budistas imaginaram que elas deveriam desempenhar. Na verdade, os exercícios de concentração a princípio destroem a concepção do eu como uma entidade que todos nós sustentamos.

A experiência vivida pelo meu professor, Jack Kornfield, em seus primeiros dias como monge celibatário foi quase que totalmente descrita por ele através de uma metáfora espacial.

Dominado por fantasias sexuais, Jack teve de aprender a lidar com elas usando a atenção simples, e assim percebeu que não apenas se sentia tomado pelo desejo mas também que "um profundo poço de solidão" surgia dentro dele sempre que essas fantasias despontavam em sua mente. Detendo-se cada vez mais na solidão passou a vivenciá-la como o "buraco central" decorrente do desejo, da ânsia e da inadequação que temia vivenciar plenamente. Ao suportar estes sentimentos, em lugar de tentar interrompê-los, descobriu que este buraco central se expandia e contraía, abrindo-se, finalmente, para um vasto espaço iluminado que se tornara a metáfora para uma identidade não restringida pela vergonha e pela insegurança.[6]

A metáfora espacial é um tema constante ao longo do relato de Jack. Perturbado inicialmente por pensamentos obsessivos que ele desejava evitar, acabou por descobrir que estavam ligados a um "profundo poço" de solidão. Esta é a visão de Jack da falta de sentido e do desejo que, com frequência caracterizam as primeiras experiências meditativas, reforçando a ideia, que nos é inerente de que o eu seria uma *coisa* que precisa ser transformada num todo. Olhando mais de perto para esse "centro", Jack jogou fora as "camadas" para descobrir o "buraco central", que permitiu que ele se expandisse em um "espaço aberto", libertando-o de seu apego a uma visão "contraída" de si mesmo.

Este não é, em absoluto, um relato incomum: é bastante literal a definição daquilo que os exercícios de concentração são capazes de proporcionar. Eles partem da noção espacial de um eu vazio, oco, incompleto ou fechado, e ampliam-na ao infinito, permitindo que o seu praticante descanse em um espaço claro e aberto. Nos exercícios de meditação avançada, o corpo desaparece realmente: não há sensações físicas, apenas a tênue alegria, o contentamento e a percepção do espaço aberto. Em estados ainda mais avançados, até mesmo esta sensação de alegria e contentamento desaparece, restando apenas a sensação do espaço. Contudo, este não é realmente o objetivo final da meditação budista. Tais exercícios com certeza liberam as noções espaciais do eu e as áreas de medo – como aquela do sentimento de inadequação de Jack – que reforçam uma metáfora espacial do eu que consegue ser relaxada e expandida. No entanto, ali permanece uma compulsiva sensação do eu como um vasto espaço, ligada talvez a uma mente universal e fundamental que permearia todas as coisas. A metáfora espacial é afinal preservada, e o praticante da meditação está vulnerável ao tipo de presunção que Buda combateu na Segunda Nobre Verdade. Ao desenvolver a Concentração Correta, a tarefa do praticante de meditação é ver as limitações desta visão expandida do eu, admitir o apelo que permanece escondido no indizível ou no vasto espaço aberto e afastar-se do sofrimento que o apego a tais estados acarreta. Do ponto de vista da prática budista, a razão para desenvolvermos a concentração é acalmar a mente o suficiente para permitir a investigação das qualidades do eu. Os estados do eu que vão sendo descobertos ao longo do caminho oferecem a oportunidade de examinarmos o poder que tal experiência idealizada pode exercer sobre nós. Assim, como a pessoa que anseia por um encontro sexual, para então descobrir que ele não pode garantir-lhe a felicidade eterna, o praticante de meditação que ansiava pela plenitude descobre que, mesmo que consiga alcançá-la, ela não lhe proporcionará a libertação.

CONSCIENTIZAÇÃO CORRETA: EXPLORANDO A METÁFORA TEMPORAL

Uma característica marcante dos ensinamentos de Buda é a sua contínua ênfase sobre a importância da conscientização. Conhecendo as técnicas de concentração e foco-único, e com as experiências de deleite que sua prática propicia, Buda deixou claro que tais exercícios não são suficientes para atingirmos os seus propósitos. Buda ensinou que não devemos nos deixar levar pela calma da mente tranquila, mas devemos contemplar os "Quatro Fundamentos da Conscientização", ou, para sermos mais precisos, o corpo, as sensações, a mente e, por fim, os pensamentos e emoções, que ele denominou de "objetos mentais" ou "fatores mentais". Como a atenção simples, a conscientização significa estar consciente do que exatamente está se passando com a mente e o corpo no momento em que as coisas estiverem acontecendo. E isto revela o abundante fluxo que existe dentro de nós em todas as ocasiões.

Tempo

Com os exercícios de conscientização ocorre um deslocamento da experiência do eu fundamentada no espaço para uma experiência do eu fundamentada no tempo. Tendo atingido um certo grau de estabilidade interna através da concentração, o praticante da meditação está agora capacitado a olhar mais de perto para a natureza fluida da mente e do eu. A conscientização envolve o conhecimento da surpreendente constância com que os pensamentos, sentimentos, imagens e sensações vão sendo substituídos na mente e no corpo. No lugar de proporcionar uma visão do eu como entidade ou como lugar limitado por fronteiras, os exercícios de conscientização revelam outra dimensão do autoconhecimento que tem a ver com a forma como as figuras se reúnem, em uma organização temporária e de evolução contínua.

O avanço da metáfora espacial do eu para uma metáfora de natureza mais temporal é retratado na literatura budista como inexorável. Uma vez que a conscientização tenha sido desenvolvida, o eu nunca mais voltará a ser percebido como algo fundamentado no espaço. A conscientização é vista como o ingrediente principal, ou o catalisador, da profunda transformação no modo pelo qual o eu é vivenciado. Assim como um dos principais discípulos de Buda, Anuruddha, bem colocou no discurso que proferiu em um encontro de monges à época de Buda:

> Este rio, o Ganges, irmãos, corre para o Leste, inclina-se para o Leste, dirige-se para o Leste. Pois bem, suponhamos que uma multidão se aproxime, conduzindo seus elefantes carregados de

cestos, e diga: "Faremos com que o rio Ganges corra para o Oeste, incline-se para o Oeste, dirija-se para o Oeste." Na vossa opinião, irmãos, estas pessoas podem realmente fazer com que o Ganges corra para o Oeste, incline-se para o Oeste, dirija-se para o Oeste?
– Em verdade, não, irmão.
– E por que não?
– O Ganges, com certeza, irmão, corre para o Leste, inclina-se para o Leste, dirige-se para o Leste. É impossível fazê-lo correr para o Oeste, inclinar-se para o Oeste, dirigir-se para o Oeste, por maiores que sejam os esforços dessas pessoas e a dor que consigam suportar.

– Da mesma maneira, irmãos, suponhamos que um monge que pratique os Quatro Fundamentos da Conscientização seja rodeado por reis e ministros, amigos, familiares e parentes, e estes, dedicando-lhe sua estima, digam: "Vem, meu caro! Que pretendes com essas vestes amarelas? Onde vais com esta cabeça raspada? Vem, volta para a tua vida laica, onde poderás desfrutar de teu valor e de tuas boas ações!" Contudo, irmãos, não é possível que um monge que cultiva e pratica com frequência os Quatro Fundamentos da Conscientização abandone seu treinamento e retome a um estado inferior. E por que não? Porque não é possível que uma mente voltada há muito tempo para o desapego, dirigida ao desapego, retome a um estado inferior."[7]

Quando a sensação do eu fundamentado no espaço se transforma em uma sensação do eu fundamentado na temporalidade, torna-se impossível ignorar o nosso profundo afastamento daquilo que Mitchell chamou de "impetuosa fluidez"[8] de nossas experiências cotidianas. No estado anterior à conscientização, a mente normalmente opera desatrelada do corpo. Mente e corpo estão atuando em diferentes níveis. Enquanto leio uma história para meus filhos dormirem, por exemplo, posso estar, ao mesmo tempo, planejando os detalhes de meu próximo livro. Se um de meus filhos me interrompe para fazer uma pergunta, percebo que não tenho a menor ideia do que andava a ler. No lugar de estar atento, estava lendo descuidadamente, e enquanto preferi pensar em outras coisas a convivência com meus filhos se tornou insípida. Da mesma forma, quando caminhamos em direção a uma loja, lavamos os pratos, escovamos os dentes, ou até mesmo quando fazemos amor, com frequência estamos afastados das experiências físicas. Estamos literalmente ausentes. Nossa mente e nosso corpo não estão funcionando como uma coisa só.

Corpo

Ao enfatizar os exercícios de conscientização, Buda apontou a importância de remediar os *splits* decorrentes da metáfora do eu fundamentado no espaço. Quando pensamos em nosso corpo como uma "coisa" separada de nós, e em nossa mente como o "lugar" onde pensamos, alimentamos a sensação de alienação ou distanciamento. A prática da conscientização começa, por esta razão, com a percepção da respiração e do corpo: a apreciação da dimensão do eu fundamentado na temporalidade, proveniente da capacidade de prestarmos atenção às experiências corporais *enquanto elas ocorrem*. É quase que literalmente um recobrar dos sentidos.

A psicanalista britânica Marion Milner, famosa por suas pesquisas sobre arte e cultura, faz uma brilhante descrição de como descobriu o poder da conscientização, em seu livro *The Suppressed Madness of Sane Men*. Era o ano de 1950 e ela estava sentada no jardim de uma escola de arte, debatendo-se para encontrar um tema para pintar; então, começou a concentrar sua atenção na respiração, a fim de contornar a frustração que aquela situação lhe causava. De repente, percebeu que a forma de experimentar o mundo ao seu redor havia se transformado, e agora ele lhe parecia "extraordinariamente pictórico". Milner explicou assim a sua experiência: "Naquela ocasião, pareceu-me estranho que voltar minha atenção para o meu interior – não para a consciência de estar extremamente alerta, mas para as sensações internas relativas à respiração – tivesse um efeito tão marcante sobre a aparência e o significado do mundo, mas eu ainda não tinha pensado sobre isso em termos de misticismo."[9] E mais, Milner percebeu em seguida que este exercício de atenção dirigida à sua respiração permitiu que ela abandonasse as formas habituais de percepção que tanto definem a visão convencional do eu.

Depois desse episódio do jardim, Milner passou a se interessar pela experimentação de seu corpo e pela relação dele com a criatividade. Também começou a escrever sobre a ligação entre as experiências baseadas no corpo, a vitalidade ou vigor, e a visão de um eu condicionado pelo tempo, em oposição ao espaço. Tal como se confirma na perspectiva budista, abrir-se para a transitoriedade da experiência paradoxalmente nos faz sentir mais reais.

Respiração

Tomar consciência da respiração e das sensações corporais é provavelmente o exercício mais importante da meditação budista. Antes que a conscientização possa ser aplicada com sucesso aos sentimentos, pensamentos, emoções ou à mente, deve estar firmemente ancorada na consciência da respiração e do corpo. Sob a perspectiva da psicodinâmica, isto certamente não acontece por acaso, pois ao nos conscientizarmos da respiração temos a oportunidade de integrar o tempo à experiência do eu. A psicodinâmica coloca a fome como o alicerce mais comum para a experiência do eu, e não a respiração. Neste caso, o corpo é vivenciado como uma entidade estranha que tem de ser mantida satisfeita, maneira pela qual uma mãe ansiosa pode compreender seu bebê recém-nascido. Quando a consciência é deslocada do apetite para a respiração, as angústias provocadas pela sensação de não ser suficiente são automaticamente atenuadas. Exatamente como uma mãe que amamenta aprende a confiar que seu corpo reagirá ao filho produzindo leite, os praticantes de meditação que passam a ter como seu alicerce a respiração aprendem a se entregar ao seu refluir. Para isto é preciso que nos acomodemos dentro do nosso corpo. Como o psicanalista Michael Eigen bem notou:

A consciência do eu fundamentada na simples experiência da respiração resulta numa sensação de desopressão que não pode ser facilmente definida. Para a consciência do eu estruturada sobre o apetite, o tempo é um incômodo. O eu estruturado pela consciência da respiração segue com toda a calma, de instante em instante, exatamente como a respiração costuma fazer. Isto não significa correr atrás do tempo nem passar adiante dele, mas, ao contrário, simplesmente acompanhá-lo.[10]

Na meditação budista, progredir do espaço para o tempo e do apetite para a respiração é inevitável. Não satisfeito em apenas mostrar como estamos afastados de nossas experiências corporais, Buda nos ensinou a prática da conscientização intensiva como um modo de realmente anular as divisões (*splits*) observadas entre a mente e o corpo, o sujeito e o objeto, a consciência e seus objetos. Depois de acalmar a mente, desenvolver o ego observador e alcançar a sensação de plenitude ou o espaço aberto, a ênfase se desloca para uma avaliação de como é difícil, ainda que possível, entregar-se ao fluxo da experiência. Expandindo gradualmente o campo de atuação da conscientização até incluir os sentimentos, pensamentos, emoções e a própria mente, o praticante bem-sucedido se mantém alerta contra o desejo de encontrar a maneira de interromper o fluxo e converter a experiência da fluidez baseada na respiração em uma experiência baseada na fome de gratificação ou satisfação.

Assim como o discípulo de Buda descreveu, é impossível mudar a direção do rio. Uma vez que a conscientização tenha se desenvolvido, não há como evitar o avanço implacável e prolífico subjacente a essa experiência. Então, chega-se a um ponto no cultivo intensivo da conscientização em que ela avança sem esforço e sem impedimentos, em que a experiência se desenvolve com contínua consciência e sem constrangimentos. Quando esta fluidez se desloca para o primeiro plano da consciência, o eu fundamentado na fome, proveniente das frustrações ou gratificações, recua. Há um relaxamento do eu tenso, desenvolvido para contornar as intromissões ou o descaso dos pais, e surge então um eu mais simples, fundamentado na respiração e capaz de se entregar ao instante.

Renúncia e Entrega

É por meio dos exercícios de conscientização que o Budismo complementa mais claramente a psicoterapia. A transformação de um eu fundamentado no apetite, concebido no espaço e preocupado com a sensação de necessidade para um novo eu fundamentado na respiração, concebido temporalmente e capaz de espontaneidade e vitalidade é, naturalmente, algo que também a psicoterapia ambiciona. Esta é uma das mais significativas mudanças de paradigma a lançar raízes sobre a teoria da psicanálise nos últimos anos, e é um dos motivos pelos quais a mensagem de Buda é hoje tão atraente para a comunidade terapêutica. Quando os antigos modelos são sepultados, fica mais fácil compreendermos as palavras de Buda. De fato, os psicólogos contemporâneos podem começar a parecer estranhamente budistas quando comparam a natureza do eu com aquela de um rio ou uma correnteza.

O exercício de conscientização oferece um roteiro objetivo para a apreciação da natureza temporal do eu. É uma força que Buda identificou e ensinou, mas que não é especificamente aproveitada pela maioria das psicoterapias atuais. No entanto, esta é a maneira mais precisa de encorajarmos o autoconhecimento que Milner, Eigen e Mitchell descreveram como essencial. A psicoterapia e a meditação começam a andar juntas, e esta é a função principal da conscientização, ou seja, permitir a entrega direta e contínua à experiência, a mesma entrega que todos nós somos hábeis em refrear.

Gostaria de contribuir com um exemplo pessoal sobre esta questão. Quando minha primeira filha nasceu, fiquei muito orgulhoso de minha habilidade em cuidar dela. Como em outros aspectos de minha vida, a capacidade de ser eficiente era uma prioridade para mim. Fui criado para ser capaz e responsável, e adoro fazer parecer fácil uma tarefa difícil. A paternidade, apesar de ser um tipo diferente de desafio, não estava imune a este meu modo de encarar o mundo. Depois que minha filha completou dois meses de vida, fomos a um pequeno mosteiro budista no interior, onde alguns amigos estavam reunidos para desfrutar de uma manhã de meditação e uma tarde de caminhada pelos bosques. Depois de passar a manhã dedicando-me à meditação, reencontrei minha filha, e por alguns momentos senti-me livre da compulsiva necessidade de provar minha eficiência, livre do dever e da obrigação, hábitos tão arraigados em minha personalidade. Contudo, minha filha precisava ser trocada e minha mulher e eu a levamos a um banheiro. Quando paramos de importuná-la com essa tarefa, ela nos olhou e sorriu com tanto amor que senti imediatamente meus olhos se encherem de lágrimas. Foi a primeira vez que percebi o amor de minha filha. Tenho certeza de que eu poderia ter continuado a ser apenas eficiente durante muito tempo, sem nunca perceber aquele olhar; mas porque naquele momento eu estava mais diretamente ligado à minha experiência sensorial, fui capaz de receber a sua ternura.

Naquele momento, demonstrei ser capaz de renunciar ao apego que tenho à minha eficiência. Este é um bom exemplo do que a prática da conscientização tem de melhor a nos oferecer. A capacidade de *renúncia e entrega* do ego se torna mais especificamente desenvolvida à medida que a conscientização avança. Tal como Buda nos ensinou na Segunda Nobre Verdade, a causa do sofrimento é a ânsia. Quando o processo de conscientização avança, o praticante de meditação passa a enxergar constantemente o poder de sua própria ânsia, que, sob a forma de desejo ou aversão, ameaça interromper o fluxo contínuo da consciência. Quando estou desfrutando um delicioso bocado de comida, posso sentir que meu desejo introduz outra porção em minha boca assim que o sabor desaparece, antes que eu tenha acabado de mastigar e engolir. Eu não quero sentir o sabor se esvaindo – a insipidez que sucede à espetacular explosão de sabores. O mesmo acontece na prática da meditação: a oscilação entre os momentos de prazer e desprazer se torna mais intensa à medida que a conscientização se desenvolve. O eu concebido no espaço e fundamentado na fome se depara a todo momento com seu primo concebido temporalmente: o eu fundamentado na respiração. O conselho dado por professores budistas durante um exercício intenso é o de sempre renunciar ao desejo individual em favor do fluxo contínuo: "deixar-se levar", ou, nas palavras do professor budista, Joseph Goldstein, "não resistir,"[11] Quanto mais o praticante de meditação se abre para a experiência imediata, mais ele renuncia aos seus apagos.

Este é um período especialmente poderoso da meditação, pois a maioria anseia profundamente por essa espécie de abandono dos constrangimentos da personalidade.[12] No exercício de conscientização, esta submissão do falso eu é uma possibilidade sempre presente. Quando abandonei a minha necessidade de um tratamento eficiente a minha filha e captei o seu olhar, renunciei, por um momento, àquilo que D. W Winnicott teria seguramente chamado de falso eu. De modo diferente, quando me permito provar o evanescente sabor que restou de um bocado de comida, estou renunciando à necessidade de estar constantemente a obter prazer e abrindo-me para a autêntica avaliação da minha real situação, em vez de entregar-me à fantasia de uma satisfação constante que me vejo obrigado a perseguir até não poder mais.

Quando o eu fundamentado no apetite perde a força, a consciência interior da nossa vitalidade ou vivacidade parece crescer. Ainda que seja um movimento que parte da ânsia, o estado resultante não deixa de ter seu encanto. Existe uma semelhança com o antigo mito de Psiquê narrado pela psicanalista Jessica Benjamin,[13] no qual Psiquê, embora todos admirassem sua beleza, sente-se como se estivesse morta. Transportada pelo vento e abandonada sobre um leito de flores, Psiquê terá de "despertar em um estado de benéfica solidão" através do qual se libertará da idealização e objetificação para que possa finalmente esperar por seu amor, Eros. Tal como Psiquê, a pessoa que pratica o exercício de conscientização deixa que sua psique seja levada pelo vento, abandonando as identificações fundamentadas na idealização ou objetificação, o falso eu produzido pelo narcisismo que faz com que se sinta vazia. O vigor ou a vitalidade– a força de Eros – só podem surgir no estado resultante da solidão. Esta energia vital, simbolizada, no mito, por Eros, representa o que Benjamin chamou de profunda "subjetividade" que buscamos ao longo da psicoterapia, e que é liberada através da meditação. O exercício de conscientização também pode ser compreendido, usando a linguagem da psicanálise contemporânea, como um modo de "restaurar uma subjetividade perturbada"[14] através de um método simples, direto e imediato, que nos permite conviver com nossas próprias experiências e que não tem as distorções comuns das simpatias e aversões que normalmente falseiam as nossas percepções.

Na verdade, nas descrições tradicionais do processo de aperfeiçoamento meditativo, o exercício de conscientização culmina em um encontro com Eros que tem sido denominado "pseudonirvana", devido ao seu poder de sedução – um estado tumultuado no qual a consciência ampliada, a felicidade sublime, a energia corredia, o vislumbre de uma luz brilhante ou imagem luminosa, sentimentos de êxtase e devoção, a profunda tranquilidade e a paz mental, tudo surge contemporaneamente, num estado que é a evolução natural da contínua aplicação da atenção consciente e que é denominado pseudonirvana porque quem o experimenta acredita ter encontrado *nele* a iluminação. Naturalmente, as coisas não são assim tão simples. A subjetividade profunda, a capacidade para conquistar uma relação autêntica e verdadeira, o despertar ou a revitalização da energia vital, a mudança no modo de vivenciar a si mesmo através da transformação da metáfora espacial em metáfora temporal, tudo serve apenas de suporte para o verdadeiro entendimento intuitivo da vacuidade, no sentido budista do termo. A avalanche de sentimentos e a consciência subjetiva livre de conflitos, que emerge da aplicação regular do exercício de conscientização, são de grande utilidade na psicoterapia, mas podem, também, servir de veículo para os apegos narcisistas.

Basicamente, as experiências mais elevadas da meditação são um modo de levar o eu a revelar, cada vez mais, suas identificações básicas, de evocar, cada vez mais, os estados em que deixamos escapar a exclamação: "Oh! Este, sim, sou eu!" Nos estados avançados de concentração, o corpo desaparece, e até mesmo uma emoção tão simplória e breve quanto a alegria pode desaparecer. No entanto, ainda resta um sentimento de orgulho e realização. Na conscientização, o eu é vivenciado como a correnteza de um rio, um processo, um eterno ajustar-se, rápido e frutífero. A mente tranquila e livre de pensamentos, a entrega contínua ao momento e a diminuição dos constrangimentos do falso eu dão a ilusão de libertação dos apegos neuróticos. Contudo, também estas experiências podem se transformar em alicerces para o orgulho e o apego. A ânsia pelos três objetos que Buda mencionou em sua Segunda Nobre Verdade – prazeres sensoriais, existência e não-existência – é recriada de forma cristalina ao longo do processo meditativo, para que o ser ganancioso por trás dela possa ser identificado. Esta ganância, que Buda identificou como a origem do sofrimento, pode ser extinta, e a função da meditação é mostrá-la em todas as suas formas.

INSIGHT: EXPLORANDO A METÁFORA DO EU

Apesar de toda a sua sofisticação – ou talvez devido a ela – o "eu" continua sendo um tema controvertido para a psicologia psicanalítica do Ocidente. No entanto, o Budismo discute abertamente o eu por meio da meditação analítica ou de *insight* (*vipassana*), cujos exercícios são diferentes daqueles praticados na concentração e na conscientização. Definida principalmente por questionamentos do tipo: "Quem sou eu?", "Qual é a verdadeira natureza do eu?", "Qual era o teu rosto antes do teu nascimento?" esta forma de meditação requer o aperfeiçoamento tanto da concentração quanto da conscientização, como base ou estrutura sobre a qual é possível a bem-sucedida investigação de nós mesmos. Muitas gerações de teóricos da psicanálise se preocuparam com a questão da natureza do eu, sendo também este o motivo que levou muitos deles a procurar a psicoterapia ou a meditação. Contudo, a psicoterapia tem tido dificuldades para responder satisfatoriamente a estas questões. Com frequência, os psicanalistas têm estado sujeitos, ao formular suas teorias, à mesma maneira rudimentar de raciocinar que encontramos nas fases iniciais da meditação. Tal como o psiquiatra interpessoal Harry Stack Sullivan já dizia em 1938, a crença em uma individualidade pessoal única, endêmica, entre os psicoterapeutas e seus pacientes é "mãe da ilusão."[15]

A proposta do *insight* budista se dispõe a esclarecer esta confusão. Embora este *insight* seja diferente daquele *insight* psicanalítico, não causou surpresa nos círculos psicanalíticos. Jacques Lacan destacou o modo pelo qual a criança em desenvolvimento "adota uma imagem" de si mesma a partir do espelho, permitindo que essa imagem passe a simbolizar a "continuação mental do eu."[16] Esta imagem se estabelece como um ideal que é inevitavelmente comparado com experiência real, mas na verdade é uma imagem ilusória, inconscientemente tomada por algo real. Ao vermos nossa imagem refletida no espelho, achamos que temos de ser como ela.

Outros terapeutas tentaram acabar com a tendência à reificação que se instalou na teoria psicanalítica, abrindo caminho para uma apreciação da tentativa budista de explorar a ideia do eu sem tais condicionamentos.[17] No entanto, o que falta até mesmo a esses teóricos é o método, a "disciplina mental" da Senda Óctupla de Buda, que pode contribuir com uma experiência *pessoal* sobre esta questão, não a abordando apenas em teoria.

Na perspectiva budista, todas as transformações psicológicas descritas até aqui são introdutórias. A meditação analítica não ocorre se estas transformações não forem atingidas, mas certamente não deve ser confundida com elas. Tal como o grande filósofo tibetano Tsong Khapa (1357-1419) ensinou, as habilidades meditativas (*samadhi*) não são suficientes se quisermos tratar com êxito a questão do eu. Referindo-se a isto, Khapa citou o *King of Samadhi Scripture* (atribuído a Buda e datado de 200 d.C.):

Aquelas pessoas mundanas que cultivam samadhi
E ainda não se libertaram da noção do eu
Se irritam quando suas aflições retornam ...
Contudo, se fizerem a precisa distinção entre o eu e as coisas
E meditarem sobre o seu discernimento,
Atingirão o Nirvana;
Nada, a não ser isto, lhes trará à paz.[18]

Sempre que o eu é investigado através do caminho do *insight*, as experiências de deleite dão lugar às experiências de terror. Quando o poder da concentração e da conscientização está direcionado para a verdadeira experiência do "eu", algo de peculiar começa a acontecer: o que antes parecia muito estável, subitamente se torna instável. Neste estágio da prática meditativa, as sensações básicas relativas ao eu passam a ser o foco principal, e alguém mais próximo as observa, por mais absurdas que possam parecer. Estas sensações relativas ao eu subitamente se revelam como nada além de *imagens:* o reflexo, que tinha assumido uma existência independente na psique, passa a ser visto como sempre foi – uma metáfora ou uma miragem. Esta é uma questão complicada, semelhante à noção anterior de que a libertação da Roda da Vida não depende de uma viagem ao outro mundo, mas apenas de uma reavaliação do que sempre esteve presente aqui. Não existe um eu mais elevado a ser alcançado na teoria budista, pelo contrário, apenas a revelação do que sempre foi uma verdade difícil a ser aceita: que o eu é uma ficção.

De acordo com a psicologia budista, este entendimento é adquirido por caminhos específicos e identificáveis. Emoções difíceis, como a raiva, o medo e o desejo egoísta, estabelecem-se sobre esta compreensão equivocada do eu. Como consequência, quando o caráter representativo do eu é inteiramente compreendido, aquelas emoções perdem sua fonte de inspiração. Este é o objetivo comum a todas as formas de meditação budista: expor a natureza metafórica do eu e, então, retirar as escoras das forças que giram no centro da Roda da Vida.

Ao tirar das pessoas a ânsia de ter de ser *alguma coisa,* os exercícios de *insight* realmente permitem ao praticante da meditação operar no cotidiano, livre da necessidade de proteger a falsa sensação do "eu". Quando a intimidade do eu é plenamente explorada, usando a concentração, a conscientização e o *insight* como ferramentas, nem o aniquilamento (anulação) nem o isolamento permanente podem se estabelecer. Na verdade, o praticante da meditação é tomado pela libertadora sensação de descobrir como suas percepções estavam distorcidas.

Este é o ápice do longo processo de investigação de si mesmo. Os exercícios de concentração expandem e contraem a visão espacial do eu, induzem os praticantes a meditar sobre sentimentos de imperfeição enquanto se abrem para um espaço infinito. Os exercícios de conscientização aperfeiçoam a habilidade para se entregar ao momento, tornando a consciência do eu mais flexível através da ênfase sobre a sua inerente fluidez. Os exercícios de *insight* destroem a última ilusão de autossuficiência concentrando a atenção sobre um eu que se fragmenta quando submetido a um exame minucioso e objetivo.

O eu vem a ser a metáfora para um processo que não entendemos, a metáfora para o processo que *sabe.* Os exercícios de *insight* revelam que tal metáfora é desnecessária e mesmo destruidora. Estes exercícios revelam que é suficiente mostrarmo-nos abertos para o contínuo processo de conhecimento, sem colocar *alguém* por trás de tudo. Quando esta possibilidade desponta, a questão do apego às habilidades meditativas ou ao "crescimento" psicológico termina. Como o recluso poeta Zen chinês Huang Po gostava de dizer:

> De que serve esta discussão sobre conseguir e não conseguir? O que importa é o seguinte: ao pensares em alguma coisa estarás criando uma entidade, ao pensares em nada estarás criando outra

entidade. Deixa que tal raciocínio errôneo pereça completamente e então nada restará que precises sair a procurar![19]

Para atingirmos este ponto é preciso não a obliteração do ego, mas o desenvolvimento das faculdades mentais além daquelas convencionalmente aceitas como adequadas ao funcionamento "normal" da mente. O aperfeiçoamento da meditação é um caminho para esse desenvolvimento. No ensaio "Análise Terminável e Interminável", Freud lamentou que a psicanálise, sozinha, não seja capaz de produzir um ego forte e versátil o suficiente para realizar tais objetivos terapêuticos.[20] Por trabalhar diretamente a experiência metafórica do eu, a meditação oferece um método complementar para o desenvolvimento do ego que preenche a falha contra a qual Freud se debatia.

TERCEIRA PARTE

TERAPIA

Naquela época, a psicanálise não era tão formal. Eu pagava a Miss Freud sete dólares ao mês e nós nos encontrávamos quase todos os dias. A análise, que me proporcionou o autoconhecimento, tirou-me o medo de ser eu mesmo. Naqueles tempos, nós não usávamos todos estes termos pseudocientíficos – mecanismos de defesa e outros mais –, de modo que o processo de autoconhecimento, algumas vezes doloroso, surgia numa atmosfera de imensa liberdade.

– Erik H. Erikson

As pessoas não erram por perceber; as pessoas erram por se apegar; Mas saber apegar-se a si mesmo como um propósito é encontrar a libertação.

– Padma Sambhava,
The Natural Liberation through Naked Vision

RECORDAR, REPETIR E ELABORAR

Há muito tempo, ficou claro para mim que a meditação e a psicoterapia têm coisas muito importantes a oferecer uma à outra, e que muitos dos meus contemporâneos estão precisando desesperadamente da ajuda de ambas. No início, parecia que um plano de desenvolvimento linear fizesse sentido primeiro, a terapia, depois, a meditação; primeiro, a consolidação do eu, depois, o seu abandono; primeiro, o ego e, depois, a renúncia do ego. No entanto, o tempo revelou a ingenuidade deste ponto de vista, resultado de uma falsa dicotomia. Os progressos em um desses sistemas pareciam intensificar a habilidade das pessoas de se servir do outro; recusar-se a fazê-lo parecia impedir o desenvolvimento de ambos. Comecei a pensar se seria possível colocar os dois para trabalharem juntos. Os dois sistemas teriam realmente objetivos comuns, embora empregassem métodos diferentes?

Ao que parece, a psicoterapia foi preparada para atender um sofrimento próprio da experiência ocidental, ou seja, o desejo e a dor do afastamento de si mesmo. Sem qualquer contribuição vinda desta perspectiva, muitos praticantes ocidentais de meditação estavam inclinados a usar seus exercícios de modo defensivo, numa tentativa vã de resolver seus problemas emocionais sem o auxílio de um terapeuta. A meditação, por outro lado, se comprometeu com o verdadeiro *alívio,* objetivo da Terceira Nobre Verdade de Buda: Houve muitos exemplos de pessoas que se submeteram à terapia durante anos, detendo-se nos conteúdos de suas histórias individuais sem nunca superá-las. A história de Nasruddin, o "idiota sábio" da Tradição Sufi, vem sempre à minha mente quando reflito sobre as pessoas que procuram encontrar alívio somente com a ajuda da psicoterapia:

> Era noite quando os amigos de Nasruddin o encontraram andando de gatinhas à procura de algo debaixo de um lampião. Quando lhe perguntaram o que procurava, Nasruddin respondeu que havia perdido a chave de casa. Todos se abaixaram para ajudá-lo na busca, mas nada encontraram. Finalmente, um deles perguntou a Nasruddin onde exatamente havia perdido a chave. E Nasruddin respondeu: – Dentro de casa.
> – Então por que procuras por ela debaixo do lampião? – os amigos perguntaram. Ao que Nasruddin respondeu:
> – Porque aqui está mais iluminado.[1]

Sem dúvida, Freud lançou uma luz incrível sobre a psicologia do inconsciente, ainda que buscar sozinho o alívio através dos métodos psicoterápicos seja comparável à história de Nasruddin procurando pela chave no lugar errado. Ao se esforçar para libertar a mente da neurose, uma pessoa pode ficar a procurar para sempre. Mesmo que isto fosse possível, ainda teríamos de concordar com o que Winnicott corajosamente declarou: "A ausência da doença neurótica pode significar a saúde, mas não é a vida."[2] Os objetivos da meditação vão além da solução dos conflitos ou da reparação moral; ela não apenas nos oferece os meios de nos engajarmos diretamente na vida, mas também o método para desenvolvermos as faculdades mentais necessárias para que a *elaboração* de Freud possa realmente acontecer.

Continuei a exercer a profissão de psicoterapeuta, e voltei várias vezes ao clássico ensaio de Freud sobre o exercício da psicoterapia, "Recordar, Repetir e Elaborar", pois foi neste trabalho que ele revelou os ingredientes necessários para uma bem--sucedida terapia. Muitas vezes me perguntei: o que o método budista teria a acrescentar a este processo? O que a meditação poderia oferecer a cada uma dessas três operações para evitar a psicoterapia sem fim que passou a ser uma constante preocupação para Freud? Afinal, as reflexões que fez, já no fim da vida, no seu ensaio "Análise terminável e interminável" são o bastante para refrear qualquer aspirante a terapeuta:

> Como se sabe, a situação analítica consiste em nos associarmos ao ego da pessoa sob tratamento, para abrandar as porções desse id que estão descontroladas... Se somos capazes de fazer tal pacto, esse ego deve ser normal. No entanto, um ego normal dessa natureza, como a normalidade em geral, é uma ficção ideal. O ego anômalo, que não se submete às nossas propostas, desafortunadamente não é uma ficção.[3]

É neste ponto que o Budismo tem muito a oferecer à psicoterapia, pois existem métodos de desenvolvimento mental inerentes à prática budista que afetam diretamente o que Freud chamou de "ego anômalo". Quando tais métodos são empregados, o "ego" passa por uma metamorfose e a terapia se torna muito menos assustadora.

Como ficou demonstrado com as primeiras gerações de ocidentais a adotar a prática do Budismo, a meditação, como aquela desenvolvida e praticada no Oriente, não lida facilmente com todos os distúrbios psicológicos da mente ocidental. No entanto, a psicoterapia – seja de que especialidade for – continua se debatendo contra suas próprias limitações: como na conhecida frase de Freud, até a melhor das terapias pode simplesmente nos fazer retornar a um estado de "medíocre infelicidade."[4] O que acontece quando esses dois mundos se encontram? Seria possível algum tipo de integração? O que se segue são as minhas próprias experiências enquanto paciente, praticante de meditação e terapeuta; como a psicologia budista influenciou o meu trabalho de psicoterapeuta e como a meditação pode influenciar os processos fundamentais de recordar, repetir e elaborar.

CAPITULO VIII

RECORDAR

A condição básica para o sucesso de uma terapia, ensinava Freud, é recordar certos aspectos esquecidos da infância. Os psicoterapeutas tentaram diferentes técnicas de acesso a essas lembranças, tais como a livre associação e a interpretação dos sonhos, e a meditação acrescenta outro método a esse arsenal. Quando os ocidentais começam a meditar, com frequência se lembram de um desejo muito antigo que os vem inconscientemente acompanhando desde sempre. Um dos propósitos fundamentais da integração do Budismo à psicoterapia é ajudar as pessoas a lidar de modo eficaz com esta descoberta.

RECORDAR O PASSADO

Freud descreveu três formas possíveis de rememoração no decurso da psicoterapia, três maneiras de colocar o paciente em contato com o que precisa ser concluído a partir do passado. O primeiro método – a visão catártica da terapia – derivava de seu prévio interesse pela hipnose e consistia em levar o paciente a recordar um acontecimento traumático diretamente, ajudando-o a revelar, através da hipnose, o que vinha sendo até então reprimido e supostamente "esquecido", mantido vivo apenas sob a máscara dos sintomas. Esta abordagem pressupunha um canal de acesso direto ao material reprimido, que permitia ao paciente descobrir o que realmente acontecera que tanto o traumatizara.

Por exemplo, quando eu cursava a quinta série, uma colega de classe foi esquiar com o irmão e assistiu ao momento em que a lancha onde ela estava o atropelou, decapitando-o. Ela ficou cega (o que hoje é chamada de cegueira histérica), e só veio a recobrar a visão quando aquele acontecimento lhe voltou à memória.

Este tipo de recordação é possível nos casos em que há um trauma sexual ou físico real; mas não é possível nos casos onde não exista um acontecimento etiológico ocorrido no passado. Inútil, portanto, procurar por tal memória central. Freud desistiu deste método logo depois de ter abandonado a técnica da hipnose, embora ele continue como modelo para aqueles que ainda estejam iniciando a psicoterapia que esperam recuperar aquela particular lembrança perdida que liberará suas emoções reprimidas e lhes devolverá a capacidade de viver plenamente.

A segunda técnica freudiana de acesso à memória consistia em acompanhar as livre associações feitas pelo paciente para descobrir o que ele era incapaz de recordar conscientemente por sua espontânea vontade. A técnica da livre associação libertava o paciente de suas reflexões conscientes e permitia que o material se apresentasse da mesma forma como acontece em um sonho, sem as inibições de costume. No lugar de alcançar diretamente o passado atrás de uma lembrança traumática, esta alteração técnica exigia que o paciente superasse a censura sobre as livre associações a fim de chegar às conclusões lógicas que elas lhe revelariam.

A principal questão aqui era que, em vez de recobrar a lembrança reprimida em uma grande moção catártica, as lacunas da memória podiam ser preenchidas através de um processo de circundamento das resistências. A livre associação tornava esta adaptação possível porque as funções defensivas do ego – aquelas que se esforçam para manter as lembranças perturbadoras distantes da consciência – podiam, com efeito, ser induzidas, pela astúcia, a abrir mão de seu domínio. Contudo, mesmo com esta modificação, Freud ainda buscava aquela nítida lembrança que, recuperada, voltaria a colocar cada coisa em seu lugar.

Na sua terceira modificação, Freud deslocou sua atenção para o presente imediato, deixando de procurar no passado esquecido. Descobriu que, ao concentrar-se sobre o que realmente acontecia durante o encontro terapêutico, as mesmas resistências que haviam impedido que o paciente compreendesse a si mesmo poderiam ser evocadas, para então serem descritas a ele. Durante este processo, é comum que os pacientes recuperem as lembranças necessárias ao tratamento, como se fossem um subproduto do intercâmbio terapêutico. Como definido por Freud, o analista "se contenta em observar atentamente tudo o que vier à mente do paciente, ainda que por um curto período de tempo, e emprega a arte da interpretação com o propósito principal de identificar as resistências, tornando-as conscientes para o paciente."[1]

Existem lembranças de importância diversa daquelas a partir das quais Freud delineou boa parte de sua primeira teoria, é claro, lembranças que não derivam de algum acontecimento terrível, mas que são, como nas palavras de D.W Winnicott, relativas ao fato de "nada ter acontecido quando algo de proveitoso poderia ter acontecido."[2] Estes acontecimentos são recordados com mais frequência no soma – ou corpo – do que na memória verbal, e só podem ser integrados pela sua posterior experimentação, quando passam a fazer sentido. Em seu ensaio "Recordar, Repetir e Elaborar", Freud se refere a estes "tipos especiais de experiências", que não foram compreendidas na época em que ocorreram e só podem ser entendidas e interpretadas "posteriormente".[3] Foi este tipo de memória que passou a dominar, cada vez mais, o pensamento dos psicoterapeutas, quando os problemas relacionados com a baixa autoestima, a sensação de vazio e o isolamento passaram a figurar entre as principais questões levantadas em seus consultórios.

RECORDAR O PRESENTE

Também o Budismo considera a rememoração – do presente – essencial à estabilidade psíquica. Tão difícil quanto recordar o passado esquecido é ajustar nossa consciência à real experiência do tempo presente. Buda percebeu que é comum estarmos fora de sintonia com o nosso eu, ocupados em pensar sobre o passado e o futuro e incapazes de simplesmente *vivenciar* a experiência imediata. Enfrentar esta tendência, voltando continuamente a atenção para a experimentação do presente, era o que acelerava uma mudança psíquica mais profunda.

A técnica meditativa que se tornou central ao Budismo é aquela da conscientização, na qual este constante direcionamento da consciência para o aqui-e-agora se estabeleceu como uma prática em si e para si. Na verdade, a definição clássica de conscientização destaca a capacidade de recordar, que é essencial à sua bem-sucedida utilização:

> Por meio dela eles recordam, ou ela mesma recorda, ou ela é a simples rememoração – assim é a conscientização, cuja característica é não titubear. Sua função é não esquecer. Manifesta-se como a vigilância, ou se manifesta como a condição de enfrentar um campo objetivo. Sua causa imediata é a forte percepção, ou os Fundamentos da Conscientização relativos ao corpo, e assim por diante. Contudo, deveríamos considerá-la como um pilar (porque está firmemente fundamentada), ou como o porteiro que vigia a porta, porque ela vigia a porta dos olhos, e assim por diante.[4]

Curiosamente, o tipo de rememoração para a qual Freud se voltou depois de abandonar a técnica da hipnose e moderar sua confiança na livre associação definida por ele como "observar atentamente tudo o que vier à mente do paciente"[5] – é exatamente o tipo de rememoração que Buda enfatizou, desde o princípio com sua crença na conscientização. Freud via a rememoração como algo que só poderia se realizar durante as sessões de psicanálise. Buda nos ensinou que a rememoração poderia ter um alcance muito maior, que poderia se realizar contínua e lentamente ao longo do dia. Como Freud chegou a observar, algumas vezes esta busca libera importantes lembranças, que podem ser de grande valor para dar sentido a uma história pessoal. Os mestres budistas tendem a diminuir a ênfase dada às lembranças individuais, ou da história pessoal, preferindo se concentrar sobre a utilização constante da conscientização, o contínuo recordar, considerado por eles de maior valor que qualquer revelação isolada sobre o passado. E contudo, como qualquer praticante de meditação intensiva pode confirmar, a prática constante da meditação de conscientização produzirá os três tipos de lembranças descritas por Freud.

Há boas razões para prestarmos atenção a este material psicoterápico, para integrarmos as lembranças de maneira compatível com a boa psicoterapia. À medida que estas duas disciplinas começarem a interagir cada vez mais, ficará comprovado que há um importante elo entre elas. A meditação pode, sem dúvida, delimitar uma área que necessite de cuidados terapêuticos. Quando os professores budistas se tornarem mais familiarizados com a psicoterapia e os psicoterapeutas se tornarem mais familiarizados com a meditação, as contribuições que cada uma delas pode dar ao processo de recuperação dessas "lembranças" ficarão mais evidentes. Assim, gostaria de dar alguns exemplos de minha experiência pessoal.

TRAUMA

Algumas vezes, a prática da meditação pode atuar de um modo que lembra muitíssimo a técnica hipnótica de Freud, liberando de uma só vez as lembranças que, de outro modo, continuariam sendo reprimidas. Isto ocorre com mais frequência em torno de temas relacionados a um trauma psíquico ou físico cujas lembranças frequentemente são liberadas quando a concentração está voltada para a respiração ou para as sensações corporais, que formam a espinha dorsal dos exercícios iniciais de meditação. Dependendo do potencial do ego em questão e do apoio terapêutico disponível, estas lembranças podem ser desestabilizantes, ou incrivelmente benéficas. Muitas vezes são terrivelmente perturbadoras e exigem esforço significativo para que possam ser integradas. Gostaria e citar um exemplo:

Recentemente, fui procurado por um professor de Ciências chamado Joe, que acabara de completar seu primeiro retiro, onde havia se dedicado durante dez dias à prática da meditação intensiva. Com dez anos de psicoterapia, vinha se saindo muito bem nos doze passos dos grupos de recuperação. Também se reconciliara, há pouco tempo, com uma infância marcada pelos maus tratos recebidos de um pai violento e irascível que aterrorizara a mulher e seus quatro filhos, dentre os quais Joe era o mais velho. Joe foi em frente e conseguiu êxito na profissão, formou uma extensa rede de amigos e conhecidos, e, recentemente, mantinha um relacionamento exclusivo e profundo, em nada parecido com aquele vivido pelos seus pais. Joe parecia um homem maduro, seguro e capaz. No entanto, durante o retiro, por razões que não conseguia explicar, sentiu receio de observar sua respiração, que não lhe parecia o objeto *neutro* descrito pelos professores. A respiração lhe parecia perigosa e o deixava angustiado. Absteve-se de prestar atenção à respiração e, ao invés disso, durante os três primeiros dias do retiro, concentrou-se simplesmente nos ruídos que estavam à sua volta, até que se sentiu suficientemente tranquilo para tentar observar sua respiração uma vez mais. Ao desenvolver a tranquilidade e a paz interior que afloram com a crescente concentração, Joe foi tomado, durante um certo tempo, por um extraordinário contentamento (que ele descreveu como se estivesse em visita à casa da fada-madrinha de um conto infantil). Depois, sentiu como se uma cinta de ferro lhe apertasse o abdômen, ferindo-o e impedindo-o de respirar.

Estas sensações foram muito desagradáveis e Joe se sentiu incapaz de lidar com elas através da meditação. Tentou observar sua dor com a atenção simples, embora tenha sentido necessidade de caminhar, deitar-se e alongar-se, mudando continuamente de posição. O poder da atenção, as mudanças de posição, a combinação de pensamentos e sentimentos, os conselhos de seus professores, nada parecia alterar a intensidade dessas sensações, que tomaram boa parte do dia. Por fim, Joe se deitou sentindo-se dominado pela tristeza. Trêmulo, ficou a soluçar durante horas e só então, veio à sua mente uma lembrança de infância que lhe parecia nova. Lembrou-se de estar escondido dentro do armário para fugir da fúria de seu pai. Tapava a boca com um trapo para sufocar seus soluços, com medo de que seu pai pudesse ouvi-lo e ficasse ainda mais nervoso. A atenção dirigida à sua respiração evocara a lembrança de sentir-se sufocar dentro do armário, onde, no lugar de cuidar da sua respiração, se esforçava para prendê-la de forma a não provocar a ira de seu pai.

Durante os anos de terapia, Joe percebera que, sendo o mais velho dos quatro filhos, fora obrigado a servir de exemplo aos irmãos e reprimira suas reações para não entrar em conflito com o pai. Ele sabia o quanto a sua própria raiva podia ser ameaçadora. No entanto, como certa vez me disse, sabia o que tinham feito a ele, mas não sabia o que tinha feito a si mesmo. Joe aprendera a segurar a respiração naquele momento, escondido dentro do armário. Aprendera a concentrar todo o seu medo, ressentimento e desespero nos músculos abdominais. No seu caso, a atenção dirigida à respiração foi a chave que destrancou o armário onde estavam escondidas as suas emoções. A cinta de ferro em torno de seu diafragma era a sensação resultante do choro e do esforço para prender a respiração enquanto seu diafragma subia e descia até o total impedimento. Esta percepção – de fundamental importância terapêutica – sobre a forma como Joe tinha paralisado *a si mesmo* não surgiu através da terapia, mas do estado meditativo, embora seus anos de terapia tenham obviamente ajudado a perceber esta experiência de um modo que muitas outras pessoas igualmente traumatizadas não conseguiriam.

Embora seja um exemplo extremo, o caso de Joe serve para ilustrar a capacidade inerente à meditação de fazer com que nos concentremos sobre os lugares do nosso corpo onde o medo se instalou. O estado mental resultante da concentração torna estas tensões particularmente visíveis. São os vestígios interiorizados das reações de defesa crônicas, fossilizados no corpo e fora do alcance de nossa percepção habitual. Ao revelarmos o processo através do qual essas sensações corporais foram geradas, muito tempo depois de o trauma ter ocorrido, conseguimos eliminá-las sob a forma de objetos concretos (como a cinta de ferro de Joe), com os quais nos identificamos, ou diante dos quais recuamos. Quando existe um trauma específico, é comum existir um ponto específico do corpo que precisa ser trabalhado. Quando não há esse trauma único, a somatização é mais difusa.

SEPARAÇÃO

No meu caso, a sensação que mais se repetiu durante meus retiros de meditação intensiva foi o profundo desejo por algo que eu só poderia definir como o verdadeiro amor. Como esses retiros envolvem semanas de contínua e silenciosa atenção consciente voltada aos pensamentos, sentimentos, ações físicas, sensações, lembranças, planos etc., havia tempo suficiente para que o superficial tagarelar de meu raciocínio mental se acalmasse e eu pudesse desenvolver a tranquilidade e a lucidez que tradicionalmente acompanham os estados meditativos. Contudo, mesmo envolvido por estes estados relativamente amplos da mente, costumava estar ciente do que me parecia um desejo mais profundo. Minha situação era análoga àquela que Freud descreveu em sua argumentação sobre a associação livre. Ao seguir o curso de minhas associações livres, como fazemos até um certo ponto na meditação deste tipo, eu continuamente me deparava com este sentimento, que um psicanalista provavelmente interpretaria como uma lembrança pré-verbal e antiga.

A certa altura, de dentro dessa vastidão mental – depois de passada quase uma semana em um dos meus primeiros retiros – surgiu-me a repentina lembrança de sensações corporais que tive muitas vezes quando, ainda criança, era deixado sozinho à noite. Deitado em meu colchonete de meditação, senti meu corpo tremer descontroladamente por mais de vinte minutos – uma experiência que, por fim, cedeu lugar ao que poderia ser descrito como um sentimento de intensa paz, luz e amor. Meus professores de meditação pareciam confusos com esta minha experiência, mas encarei a perplexidade deles como um sinal da importância deste exercício. No entanto, o meu desejo, embora temporariamente reduzido, não desapareceu. De fato, passei boa parte dos meus retiros seguintes tentando reviver essa mesma experiência – um notório e imprudente esforço, quando se trata de meditação, mas que é comum entre os seus praticantes ocidentais, que iniciam a sua prática com um sentimento interno de isolamento ou vazio.

Muitos anos depois, quando eu realmente tive a felicidade de me casar com a mulher que amava, descobri que este amor verdadeiro e palpável, pelo qual ansiara e que acreditara estar além do meu alcance, não fez desaparecer meu intenso desejo. De fato, parecia ressaltá-lo ainda mais. Comecei a ter problemas para dormir, exigia desesperadamente a atenção de minha mulher, tinha dificuldades para me afastar dela, mesmo que por pouco tempo, e, quando dormia, era atormentado por pesadelos em que meus dentes rangiam. Eu passara a personificar as qualidades dos Espíritos Famintos: como eles, que são incapazes de deglutir a comida de que necessitam devido à dor que isto lhes causa, eu era incapaz de aceitar este amor pelo qual tanto ansiava devido à intensidade do meu desejo não satisfeito. Não é preciso que eu diga que era hora de fazer (mais) psicoterapia. Eu poderia, é claro, usar minhas habilidades meditativas para acalmar essa aflição, mas a minha intensa identificação com a sensação de estar irremediavelmente isolado era tão forte que exigia cuidados específicos, cuidados que só um psicoterapeuta poderia proporcionar. A meditação fizera com que eu me tornasse extremamente consciente de minha difícil situação e havia me ajudado a recuperar antigos sentimentos, mas eu ainda não era capaz de agir de um modo que não fosse completamente determinado pelas minhas experiências passadas.

A solução para a minha cura estava, naturalmente, nos sonhos recorrentes em que meus dentes rangiam, que interpretei como uma forte expressão de minha "raiva oral" – o ressentimento violento contra alguma antiga ausência de meus pais. Estes sonhos finalmente abriram caminho para outros, nos quais eu não conseguia ligar para uma certa namorada: ora eu me esquecia do número, ora o telefone não funcionava, ora o gancho do telefone ou o teclado-disco quebravam, ora ninguém atendia. Estes sonhos finalmente se cristalizaram numa verdadeira lembrança: meus pais me deixando com a responsabilidade de cuidar de meu irmão menor quando eu tinha cinco anos de idade, enquanto iam ao vizinho encontrar alguns amigos, e dizendo-me para ligar para eles pelo interfone que tinham instalado, caso houvesse algum problema. Prematuramente separado de minha dependência infantil, fui criado para ser "responsável". Minha raiva mal resolvida era a agressividade frustrada por não ser capaz de corrigir o relacionamento com meus pais. Tenho certeza de que minha dificuldade para dormir e minha agressividade frustrada não foram atendidas, pelo fato que, de acordo com os costumes daqueles tempos, eu era colocado para dormir às seis da tarde, estivesse ou não cansado, para que meus pais, cansados, pudessem ter um pouco de tempo para eles mesmos. Quando tive este *insight,* passei a lidar com minhas dificuldades emocionais com um pouco mais de generosidade e bom-humor. O verdadeiro amor que eu encontrara no casamento me obrigou a lamentar as antigas perdas de minha infância.

A FALTA BÁSICA

Na verdade, esta experiência, de uma forma ou de outra, é uma situação bastante comum no Ocidente. Tanto a meditação quanto a psicoterapia com frequência trazem à tona lembranças não apenas de um acontecimento traumático específico, mas dos vestígios psíquicos da privação, seja de que tipo for. Por sermos tão dependentes da família nuclear, da atenção – na melhor das hipóteses – de pai e mãe muito ocupados, e por sermos orientados a desenvolver a independência, nossa cultura encoraja a interiorização de qualquer privação anteriormente manifestada. Assim, se o relacionamento com um ou com ambos os pais é tenso, ou se a criança é obrigada a crescer antes da hora, restará dentro dela o torturante sentimento de vazio, uma lacuna que ela percebera dentro de si, ocupando o lugar das antigas experiências pessoais. Esta lacuna, denominada *falta básica,* é, com frequência, o que lembramos na meditação através do corpo.

Refiro-me àquela *falta básica* definida pelo psicanalista inglês Michael Balint quando falava sobre os vestígios psíquicos dos cuidados de infância inadequados – um trauma tão comum que gerou uma fome espiritual crônica nas culturas do Ocidente:

> O paciente diz sentir que há dentro dele uma falta, uma falta que deve ser sanada. E isto é sentido como falta, não como um complexo, nem um conflito, nem uma circunstância... Há o sentimento de que a causa dessa falta é que alguém lhe faltou com a palavra ou que alguém falhou no compromisso que tinha com ele... uma grande angústia inevitavelmente envolve esta área, normalmente expressa pela exigência desesperada de que, desta vez, o analista não deveria – de fato, não deve – falhar em seu compromisso com ele.[6]

O trauma de que tratamos aqui é, com frequência, aquele decorrente da negligência, mais do que de maus tratos. É vivenciado como um tipo de vazio interior que não é de modo algum o que os budistas pretendem dizer quando usam esta mesma palavra. Contudo, é exatamente este vazio que frequentemente descobrimos através da meditação e que requer uma atenção psicoterápica específica, se não quisermos comprometer a experiência meditativa como um todo. Partindo da perspectiva budista, o paralelo está nas descrições relativas ao Reino dos Espíritos Famintos. Muitos ocidentais precisam de uma abordagem que associe psicoterapia e meditação, justamente porque o Reino dos Espíritos Famintos está fortemente representado em suas psiques. Este fenômeno é novo para a história do Budismo: nunca houve tantos Espíritos Famintos empenhados na pratica budista. Sua preponderância exige algumas modificações técnicas que seriam mais adequadas se vindas da tradição psicanalítica.

MÃES

Nas práticas orientais – como mais claramente demonstra a tradição budista do Tibete, – recordar a infância tem por objetivo dar suporte à meditação, intensificando-a. No Ocidente, estas lembranças acabam por interrompê-la. Esta questão passou a me interessar há muito tempo, desde quando comecei a estudar a psicologia budista. No último ano da faculdade de medicina, consegui passar três meses na Índia, em várias comunidades de refugiados tibetanos espalhadas pelo norte daquele país. Nas primeiras seis semanas, fiquei na pequena aldeia de Dharamsala, escondida no sopé da cordilheira do Himalaia e lar de exílio de Sua Santidade, o Dalai Lama. Porque eu estava lá como integrante de um projeto de pesquisa ainda maior, um de meus companheiros de viagem era Jeffrey Hopkins, especialista em assuntos relativos à cultura tibetana, intérprete e professor de estudos tibetanos na Universidade da Virgínia. Era a primeira vez que eu me expunha à amplitude da tradição intelectual do Budismo tibetano, pois meus estudos prévios tinham se concentrado sobre as tradições do Budismo Theravada, ou do sudeste asiático. O que mais me impressionava era o esforço tibetano em cultivar a compaixão e a tranquilidade da mente, através de exercícios específicos que se pareciam mais com meditações orientadas ou visualizações que qualquer outra que eu já tivesse entrado em contato. O exercício mais comum consistia em imaginar todos os seres como mães.

Partindo do pressuposto de que a existência cíclica é desprovida de um começo, segue-se que todos os seres estiveram relacionados, num momento ou no outro, de todas as formas possíveis. Assim, todos os seres já foram amigos e inimigos uns dos outros, e somente através do embate entre a cobiça, o ódio e a ignorância os relacionamentos benéficos se exacerbaram. Este exercício específico consiste em reconhecer em todos os seres a nossa mãe – sentir a sua bondade, desenvolver o desejo de recompensar a sua bondade, sentir amor por ela devido ao seu potencial para a bondade e desenvolver o desejo de que estes seres se libertem do sofrimento e de suas causas. A base psíquica desta prática é o amor incondicional que o povo o tibetano é capaz de nutrir pelas suas mães.

Este exercício de meditação sempre me intrigou. Tive um sem-número de pacientes ocidentais que tratei com a psicoterapia, sem jamais terem se submetido a este exercício específico, e que tratavam a todos os seres como mães, e o resultado para suas vidas pessoais foi desastroso. Os ocidentais têm uma certa dificuldade com este exercício porque o relacionamento com suas mães tem muitos conflitos. O modo como educamos as nossas crianças, a estrutura familiar nuclear e o desejo por autonomia e individuação depositam sobre o relacionamento mãe-filho uma enorme tensão. Quando o temperamento da criança é oposto ao dos pais, ou quando as expectativas dos pais para com seu filho obscurecem aquilo que a criança é na realidade, o grupo familiar se torna um ambiente alienante e claustrofóbico, onde a criança deve se esconder justamente das pessoas de quem mais precisa. "A família", brinca meu professor de psicoterapia, Isadore From, "é a pior invenção de um Deus que não existe."[7]

Recentemente, tive a oportunidade de perguntar ao mestre tibetano Sogyal Rinpoche, autor de *The Tibetan Book of Living and Dying* e professor de centenas de ocidentais na Europa e nos Estados Unidos, sobre este exercício em que tratamos a todos os seres como mães. Então, ele riu e disse: – Oh, não, não. Não para os ocidentais. Eu sempre lhes digo para tratarem a todos os seres como se fossem seus avós.

O ORIENTE É O ORIENTE

Os pontos de partida dessas duas culturas, psicologicamente falando, são bem diferentes – e este detalhe não é exatamente uma revelação. Foi Rudyard Kipling quem primeiro afirmou que a distância entre o Oriente e o Ocidente é intransponível. O Oriente é o Oriente, argumentava ele, nós não temos de entender sua profundidade. Dentre os psicoterapeutas, até mesmo Carl Jung concordou, apesar de seus interesses pessoais. Considerava os métodos orientais estranhos demais. Os ocidentais devem recorrer às suas próprias tradições filosóficas para buscar inspiração.[8]

Uma razão para este estranhamento é que o próprio Oriente está preso a uma emaranhada rede formada pela família, hierarquia, castas e outros grupos, da qual a única maneira de escapar é através da prática espiritual. Na verdade, a busca espiritual no Oriente pode ser vista como um tipo de válvula de escape – aprovada culturalmente – e disponível ao indivíduo que, de outra maneira, não teria nenhuma privacidade. O praticante oriental de meditação também está motivado pela necessidade de "encontrar a si mesmo", exatamente como acontece com o praticante ocidental, mas os pontos de onde cada um deles inicia a sua caminhada são opostos. Como podemos ler no início de um antigo texto budista: "Esta geração é prisioneira de uma rede."[9] Este aprisionamento, um fio que atravessa muitas gerações, dá aos orientais a energia sobre a qual a meditação tradicionalmente se constrói. No Oriente, a capacidade do indivíduo para uma consciência vigorosa e para a mais completa distensão dos limites do ego, para a harmonia e a receptividade emocionais, e para a sensação de pertinência, é compreendida como um dom. A meditação, tal como tem sido ensinada nas culturas orientais, utiliza esta capacidade para estabelecer imediatamente condições internas receptivas ao trabalho espiritual.

O ponto de partida do Ocidente raramente é o eu aprisionado. É mais comum que seja um eu isolado. A ênfase, na nossa sociedade, sobre a individualidade e a autonomia, o fim da família extensa e nuclear, a ausência de genitores "suficientemente bons" nos cuidados com seus filhos e o incansável desejo de vitória, em oposição à ternura, fazem com que a pessoa se sinta separada, isolada, alienada, vazia e desejosa de uma intimidade que parece, ao mesmo tempo, fora de seu alcance e vagamente atemorizante. Nos primeiros encontros realizados com o objetivo de promover o intercâmbio cultural entre os mestres orientais e terapeutas ocidentais, o Dalai Lama se mostrou incrédulo quanto ao conceito de "baixa autoestima" de que ouvira falar. Perguntou a cada um dos ocidentais ali presentes: "Você sente isso?" "Você sente isso?" Ao que todos eles acenaram com um sim, simplesmente balançou a cabeça demonstrando sua incredulidade.

– No Tibete – disse Sogyal Rinpoche – supõe-se que exista um sentimento positivo em relação ao eu. Isto nos é incutido desde muito cedo e serve de apoio a todos os relacionamentos de interdependência que se estabelecem na trama familiar. Se uma pessoa não é capaz de manter esse sentimento positivo sobre si mesmo – disse ele – é considerada uma tola.

No Ocidente, o ponto de partida é outro. A psique ocidental, ao que parece, está cada vez mais vulnerável aos sentimentos de isolamento, desejo, vazio e desvalorização – emoções que, para o Budismo, caracterizam o Reino dos Espíritos Famintos. Sentimo-nos incapazes de despertar o amor dos outros e levamos este sentimento a todos os nossos relacionamentos pessoais, acompanhado pela esperança e pela expectativa de que tais relacionamentos possam, de alguma forma, suprimir aquele sentimento preexistente. Quando crianças, percebemos a falta de habilidade dos nossos pais para se relacionar conosco, sua tendência para nos tratar como objetos ou como reflexo deles mesmos, e então personificamos sua desatenção, atribuindo a falta de intimidade aos nossos próprios erros. As crianças quase sempre tomam a si próprias como referencial, de modo que explicarão tudo o que sair de errado culpando a si mesmas.

MEDITAÇÃO E O EU OCIDENTAL

Acredito que os diferentes pontos de partida das duas culturas sejam responsáveis pelos diferentes caminhos que os orientais e os ocidentais trilham ao longo da meditação. Ao meu ver, não é verdade, como Carl Jung acreditava, que os exercícios budistas sejam tão estranhos a ponto de serem incompreensíveis para a mente ocidental, mas é verdade que a meditação proporcionará experiências diferentes se partirem de diferentes questões, como a separação ou o aprisionamento. Para aqueles – principalmente os ocidentais, cujo ponto de partida seja uma história de separação, a meditação provocará inevitavelmente as lembranças de desejos antigos e impróprios que sobrevivem sob a forma de uma falta básica. Para aqueles – vindos principalmente de culturas alheias aos costumes ocidentais mais comuns – cujo ponto de partida seja uma história de aprisionamento, é bem provável que a meditação lhes faça aflorar à memória o antigo desejo de fugir, acompanhado por toda a culpa e vergonha por trair as expectativas da família – sentimentos que os ocidentais hoje em dia reservam para questões como a excessiva dependência. O medo enfatizado pela psicologia tradicional é, pelo menos em parte, o medo de romper com a rede que o aprisiona – ou dela se perder – e retornar às obrigações impostas pela família que tanto caracterizam o eu que não é ocidental. De fato, a história de Buda – que deixa o palácio de seu pai, sua esposa, o filho ainda pequeno e todos os membros de sua casta que dele dependiam – pode ser interpretada como uma metáfora sobre a necessidade que tem o eu aprisionado de enfrentar o medo de uma separação definitiva.

Em nossa cultura, a separação é com frequência, vivida precocemente. Uma das consequências de partirmos desta questão é que a meditação tende a evocar estes antigos sentimentos, de imediato, exatamente como Freud notou que a hipnose, a associação livre e a cuidadosa observação de "tudo o que vier à mente do paciente" faziam. Isto se apresenta aos praticantes de meditação da atualidade como um dilema. Muitas vezes, estas pessoas começam a meditar e logo percebem que descobrirão com rapidez os vestígios da falta básica que, como o meu desejo, não nos abandonam, mesmo com a mais avançada meditação. A baixa autoestima que acompanha este desejo, e que tem sua origem na sensação de que falta alguma coisa à pessoa que deseja, frequentemente, requer a atenção especial na psicoterapia, função para a qual os professores de meditação tradicional não estão preparados para desempenhar. Como Freud descreveu, é comum a tendência a representar o desapreço que se tem por si mesmo repetidas vezes, no lugar de enfrentá-lo com franqueza. Sem a ajuda de um terapeuta ou de um professor, a pessoa desse modo atormentada continuará a tentar se livrar desta sua desvalorização de si mesmo por caminhos mágicos. A meditação é extremamente vulnerável a esse tipo de uso equivocado. Se a falta básica não é exposta e aceita, o desejo e saná-la acabará por deturpar a experiência meditativa.

Foi neste ponto que percebi a enorme necessidade de uma abordagem combinada, talhada para as necessidades dos Espíritos Famintos, tanto quanto para aquelas do Reino Humano. A meditação é extremamente eficaz ao revelar esta falta básica, mas bastante omissa sobre como lidar com ela. Isto não significa que a meditação *não possa* tratar essa questão, mas que ela deve ser adequada a cada propósito específico por meio de uma interação com o que é trabalhado a partir da abordagem psicoterápica. A possível contribuição do Budismo para o conhecimento profundo da falta básica não reside apenas em tornar seus praticantes capazes de *extrair* os vestígios psíquicos desta falta. A meditação budista, quando adequadamente adaptada, também pode ter um impacto decisivo sobre os outros dois elementos da abordagem terapêutica freudiana: "repetir e elaborar". De fato, ela traz a solução para a frustrante incapacidade da psicoterapia de se mover para além da percepção e reconciliação, chegando à distante enseada onde encontraremos o alívio.

CAPÍTULO IX

REPETIR

Vimos até aqui como a meditação pode servir de veículo para a rememoração, sendo esta a primeira maneira de aproveitarmos o seu potencial terapêutico. No entanto, Freud logo se deu conta de que recordar não era suficiente para a realização de seus propósitos – a simples rememoração nem sempre era possível aos seus pacientes, tampouco bastava para explicar-lhes os seus sintomas. Ele notou que muitas pessoas não conseguiam lembrar nada de significativo sobre o seu passado, não importa que alterações tenham tentado fazer em seus métodos. As "forças da repressão", como ele as chamava, eram, com frequência, grandes demais para se intimidarem com um processo terapêutico tão simples.

Contudo, havia outro fenômeno que entrava em cena por ocasião da terapia, e que Freud passou a chamar de "repetição". No lugar de relembrar uma experiência de infância, muitos pacientes simplesmente a reproduziam, com uma característica decisiva e definidora: eles continuavam a não ter consciência do que faziam. Assim, o paciente que em sua juventude tivera um pai que o censurava implacavelmente, e que não fora capaz de encontrar nenhum tipo de satisfação em seus relacionamentos pessoais quando adulto, podia não perceber que havia se tornado extremamente censurador, mesmo que agisse assim em sua relação com o terapeuta. Ao trazer à consciência o componente de censura que havia na relação, como algo que vinha sendo representado *mas não vivenciado*, o terapeuta talvez pudesse ajudar o paciente a chegar a um acordo com o comportamento censurador de seu pai.

É interessante notar que, no fenômeno da repetição, o material que se repete é justamente o que nos recusamos a saber sobre nós, com o qual mais nos identificamos, sobre o qual pouco conhecemos e que conseguimos recordar sem muita consciência. "O paciente não se *recorda* de nada que tenha esquecido e reprimido, mas o atua (*acts it out*)", escreveu Freud. "Ele reproduz essa lembrança não através da memória, mas através de suas ações. Repete-as, naturalmente, sem saber que as está repetindo."[1]

Quando Freud desenvolveu sua técnica, deixou de observar tudo o que viesse à mente de seu paciente e passou a observar tudo o que evidenciasse a maneira dele se relacionar. Isto exigiu que Freud aperfeiçoasse um modo ser e estar que não interferisse na "atuação" ("*acting out*") do paciente, mas que lhe permitisse observá-la e interpretá-la para o paciente. Esta é a origem do que passou a ser chamado de *atitude analítica* ou *neutralidade analítica*. Um modo de ser ou talvez um estado mental que encoraja o aparecimento do fenômeno da transferência, o peculiar relacionamento entre terapeuta e paciente que guarda em si a semente de tudo aquilo que o paciente resiste em conhecer.

O primeiro método freudiano usado para desarmar as resistências do paciente consistia em fazer a "análise" dessas resistências. Freud acreditava que se pudesse interpretar para o paciente o que ele vinha inconscientemente repetindo, seus conflitos ou traumas fundamentais poderiam ser trazidos à tona e haveria uma trégua. Contudo, ao me aproximar das tradições freudiana e budista em conjunto, encontrei o alívio que nem sempre surge com a análise verbal isoladamente. Se é importante que o terapeuta tome consciência daquilo que o paciente costuma repetir, é ainda mais importante que o próprio paciente fique completamente a par desta repetição. Não basta interpretá-la. O paciente deve ser incentivado a vivenciar aquilo que se repete e que continua a ser um comportamento inconsciente. Neste ponto, ocorre a harmonização entre a ênfase dada pelo Budismo à completa experimentação de cada momento e a ênfase freudiana na valorização daquilo que, de outra forma, continuaria a ser ignorado. O ambiente da psicoterapia é um território único, um local onde o paciente pode manifestar comportamentos e sentimentos que certamente seriam mantidos sob controle ou ignorados fora do relacionamento terapêutico. Cria-se, assim, uma oportunidade única para aproveitarmos da melhor forma os conhecimentos que nos foram ensinados por Buda. Quando o terapeuta tenta não apenas interpretar verbalmente os mecanismos de defesa do paciente, mas ajudá-lo a vivenciar essas defesas como coisas que lhe *pertencem,* as lições de meditação budista podem se tornar terapêuticas.

AQUI E AGORA

As considerações de Freud sobre a repetição levantam um sem número de questões *vis-à-vis* a meditação e a psicoterapia. Com sua técnica, Freud aperfeiçoou o método de exame das repetições *inconscientes,* aquelas que costumam se impor sobre as interações do presente, distorcendo-as. A técnica budista faz do uso contínuo da consciência a pedra fundamental de seu bem-sucedido método. Freud se esforçou para fazer de seus pacientes pessoais menos inconscientes, enquanto Buda ensinou a seus discípulos o caminho para se tornarem mais conscientes. O Budismo não pretende trabalhar explicitamente com as repetições inconscientes que tanto fascinaram Freud; no entanto, seu método – a contínua utilização da conscientização – é comparável à estratégia atentiva que Freud considerava a mais proveitosa. Ao desenvolver um procedimento fundamentado em ambas as tradições, descobri que cada uma delas necessita da outra para trabalhar com uma eficácia ainda maior.

De um lado, o estado mental do terapeuta – sua habilidade para trabalhar exclusivamente com o presente, como exige a análise de transferência – provou ser um obstáculo tremendo para os psicoterapeutas. A maioria simplesmente não consegue dominar o tipo de presença atentiva que Freud julgava necessária para o seu trabalhar. Não existe um método que ensine aos terapeutas como avançar por este delicado caminho. Como resultado, muitos deles conseguem oferecer, na melhor das hipóteses, uma versão apagada daquilo que Freud era realmente capaz de reunir. Por outro lado, os praticantes de meditação e seus professores, em geral psicologicamente despreparados, muitas vezes não dispõem de boa vontade para tratar o material de transferência que com certeza surgirá, como Freud salientou, a partir da cuidadosa atenção dirigida às atividades e relacionamentos atuais. A meditação, como notamos anteriormente, pode fazer surgir muito material emocionalmente acumulado que, se não for tratado de maneira eficaz, pode se impregnar por toda a experiência meditativa sem que nunca fique definitivamente sepultado. E, no entanto, quando as duas tradições são colocadas para trabalhar em conjunto, podem fazê-lo com muita harmonia. Por ensinar *como* ficar no presente, a meditação ajuda tanto o terapeuta quanto o paciente. Por ensinar as pessoas a identificar e assimilar o material do passado, a terapia pode libertar a meditação do sofrimento emocional. Ambas trabalham voltadas para aumentar a nossa capacidade de encarar a vida como ela é; e ambas começam, frequentemente, no silêncio.

SILÊNCIO

Minha primeira experiência com a transferência não aconteceu no consultório de um psicoterapeuta, mas nos salões de um templo oriental da pequena aldeia de Vrindavan, ao norte da Índia, que dizem ser o local de nascimento do deus hindu Krishna. Eu assistia às festividades de inauguração de um novo templo, dedicado à memória de um santo homem recém-falecido que fora professor de muitos de meus amigos. Um dos principais discípulos desse professor era uma mulher chamada Siddhi-ma, que naquela manhã estava sentada em um catre de um dos salões do templo, concedendo o *darshan*.

Darshan é um fenômeno da cultura religiosa da Índia no qual os devotos de um determinado mestre espiritual vêm até ele para simplesmente desfrutar de sua companhia por alguns momentos. Conversar não é de grande importância nessas ocasiões, embora esta experiência seja extremamente apreciada e procurada. Costuma-se dizer que o professor *concede o darshan*, e que o devoto o *recebe*. Ainda que ocorra pouca comunicação verbal, o silêncio do professor não significa que ele esteja ausente ou que lhe falte interesse. O professor está muito presente, e a sua presença, transmitida através da qualidade de sua atenção, é uma poderosa força emotiva que desperta uma forte reação. Este episódio retoma à minha memória com frequência, quando estou sentado no meu consultório exercendo a psicoterapia. Freud dizia que a psicoterapia era a "cura através da palavra", embora tenha primeiramente cultivado o uso terapêutico do silêncio. Uma coisa que aprendi nos meus estudos sobre meditação foi não temer o silêncio. Isto nunca foi enfatizado durante meus estudos na faculdade de psiquiatria, e contudo, tornou-se um dos fundamentos do meu trabalho terapêutico. Não que eu procure parecer uma tela em branco, um espelho ou alguma caricatura de analista silencioso e impassível. Na verdade, falo bastante quando tenho algo a dizer. Mas não tenho medo de permanecer em silêncio e sei que meu silêncio não precisa ser necessariamente interpretado como ausência.

Mas voltemos à minha experiência na Índia. Fui convidado a entrar no salão onde aproximadamente quinze pessoas estavam sentadas, algumas no chão, outras sobre o catre próximo a Siddhi-ma. Ajoelhei-me nos fundos da sala de audiências. Eu não falava o hindi, ela não falava o inglês, não havia um único voluntário para nos servir de intérprete, e ainda assim, quando ela me olhou, seu olhar tinha tamanha candura e era tão triste que as lágrimas começaram a correr de meus olhos. Naquele instante, senti a violenta perda que significou o fim da ligação infantil com minha mãe. Uma lembrança pré-verbal que ficara preservada em meu corpo, prisioneira do meu inconsciente, e que também era a fonte – posso perceber em retrospecto – do que viria a se repetir mais tarde em meu casamento.

O olhar de Siddhi-ma provocara em mim essa sensação, dando-me a oportunidade de me reapropriar temporariamente de um episódio de minha vida que, quando aconteceu, eu ainda era muito pequeno para compreender. Naquele momento, tive a certeza de que minha capacidade para o amor não tinha, de fato, sido irremediavelmente prejudicada, apesar da tristeza que eu sentia. Depois de ficar lá alguns minutos mais, Siddhi-ma olhou-me novamente, sorriu e fez sinal aos criados para que me fossem servidos *prasad* – doces abençoados, feitos de leite e envoltos em folhas de prata, que simbolizam o alimento do espírito. Todos riram enquanto me forçavam a comer um punhado deles.

Se Siddhi-ma estava ou não ciente do que se passara comigo naquele momento, ou se teve algo a ver com isso, não sei. De fato, naquela mesma aldeia, havia um antigo templo hinduísta onde o *darshan* era concedido por um pedaço negro de rocha vulcânica, mantido atrás de uma cortina, diante do templo em ruínas, envolto em tecidos especiais e mantido por sacerdotes brâmanes. O anfiteatro do templo, fracamente iluminado, e que se parecia com um auditório sem cadeiras, vivia repleto de pessoas. De hora em hora, as cortinas eram abertas por um momento para revelar à multidão a pedra negra. Então as pessoas viviam todo o tipo de comoção e de experiências emocionais por estarem diante da pedra. As experiências naquele lugar me pareciam exatamente iguais e tão poderosas quanto aquela pela qual eu mesmo havia passado.

A mensagem para a psicoterapia é que o terapeuta pode perfeitamente exercer esse impacto através da sua *presença,* como faz através da sua habilidade em solucionar problemas. Especialmente quando a raiz da difícil situação emocional em que se encontra o paciente está na falta básica, em experiências pré-verbais ou esquecidas, e que deixaram marcas sob a forma de inadequação ou sensação de vazio, a habilidade do terapeuta em preencher o momento presente com uma postura atentiva, sem tensão, é decisiva. Não que tais pacientes tendam a ser extraordinariamente suscetíveis a qualquer e no relacionamento, mas que *precisam* desse tipo de atenção para que eles mesmos preencham as lacunas dentro deles. Do contrário, seria muito ameaçador.

É através do silêncio do terapeuta, do que a sua presença evoca, que estes sentimentos podem surgir aqui e agora. O silêncio ao qual me refiro não é um silêncio de morte, tampouco é imobilizador. É um silêncio produtivo, que tem textura e acena com grandes possibilidades. Na tradição budista do sudeste asiático há vinte e uma diferentes palavras para o silêncio: o silêncio entre os pensamentos, o silêncio de uma mente concentrada, o silêncio da consciência, e assim por diante. A psicoterapia requer um silêncio que permita ao paciente expressar tudo aquilo que de outra maneira estaria fora de seu alcance, ou para falar sobre aquilo que até então não se permitia pensar. Nós todos ansiamos por esse tipo de silêncio, que nos dá a oportunidade de reencontrar aquelas qualidades das quais nos havíamos separado. A prática da meditação é fonte abundante para este saudável silêncio, reserva natural intacta, pronta a ser usada pela psicoterapia.

Quando um terapeuta pode sentar com seu paciente sem um programa a ser seguido, sem tentar forçar uma experiência, sem pensar que sabe o que vai acontecer ou que sabe quem é esta pessoa que tem diante de si, está fundindo a terapia aos ensinamentos da meditação. O paciente é capaz de perceber tal atitude. Isto é extremamente importante durante os silêncios do próprio paciente, pois com frequência, quando ele permanece em silêncio está pronto para entrar em algum território novo e inexplorado. É possível que alguma comunicação verdadeira, espontânea e imprevista se faça em tal momento. Mas o paciente está, sobretudo, sentindo o estado mental do terapeuta para ver se a comunicação estará a salvo. Um paciente pode estar extremamente suscetível ao terapeuta em tais ocasiões.

É este estado mental, descrito de outra forma há séculos atrás, que torna a terapia atraente para o paciente: "Não pense planeje ou compreenda", aconselhava um antigo mestre tibetano de meditação.

> *Não preste atenção nem investigue; abandone a mente em seu próprio espaço...*
> *Não veja a falta em todo lugar,*
> *Não leve tudo a sério,*
> *Não anseie pelos sinais de progresso...*
> *Ainda que isto possa ser entendido como não-atenção,*
> *Não caia vítima da preguiça;*
> *Esteja atento através do uso contínuo da simples inspeção.*²

É extremamente difícil para o paciente – mas também, um grande alívio – "sustentar" este particular estado da mente. É difícil porque esta experiência tende a revelar os elementos incompletos ou não solucionados da sua psique, verdadeiro motivo de ter procurado a terapia (em oposição às razões apresentadas); e é um alívio porque este é o tipo de atenção, ou algum derivado dela, que todos nós procuramos. Quando me perguntam se o Budismo influenciou o meu trabalho como terapeuta, sinto com frequência a tentação de responder que não, que quando aplico a terapia estou apenas aplicando a terapia e que meu interesse pela meditação nada tem a ver com isso. Contudo, sei que esta seria uma resposta fácil. A meditação tem me permitido ser um terapeuta funcional. Através dela aprendi como não interferir nos momentos críticos do tratamento.

O psicanalista W R. Bion compreendeu o poder terapêutico desta estrutura da mente. Também ele procurou ensinar seu uso a um público formado por terapeutas muitas vezes confusos e hostis. Apesar de ter nascido na Índia, Bion não se deixou influenciar pela sua terra natal e desenvolveu sua idiossincrasia ao descrever o potencial terapêutico de seu estado mental, como demonstra o seu livro *Attention and Interpretation:*

> É importante que o analista evite a atividade mental, a memória e o desejo, tão prejudiciais para seu preparo mental enquanto algumas

formas de atividade física o são para o seu preparo físico... Se o psicanalista não se despiu voluntariamente da memória e do desejo, o paciente poderá "sentir" isso e será dominado pela "sensação" de que está possuído pelo estado mental do analista e contido por ele, isto é, pelo estado representado pelo termo "desejo."[3]

Bion estava descrevendo algo que Freud já havia detectado: os silêncios que acontecem entre o terapeuta e o paciente podem ser extremamente férteis ou terrivelmente destruidores. Há uma comunicação silenciosa acontecendo nessas ocasiões: o paciente percebe o estado mental do terapeuta e o terapeuta pode intuir muito sobre o paciente. Na verdade, Freud acreditava que houvesse uma comunicação direta entre o inconsciente do paciente e aquele do analista, sendo dever do terapeuta favorecer esta relação.

NÃO INTERFERIR

Embora Freud tenha sido hábil ao descrever a postura atentiva, enfatizou apenas seu valor para o terapeuta por ajudá-lo a captar o fluir do inconsciente do paciente. O que ele deixou de definir foi o que Bion nos sugeriu: o impacto desse estado mental sobre o paciente. O estado que Freud descreveu é requisito indispensável porque somente nesse estado a mente do terapeuta não será percebida pelo paciente como um intruso. As expectativas e desejos do terapeuta, ainda que sutis, criam uma pressão contra a qual o paciente é compelido a reagir, ou então será obrigado a agir de acordo com ela. A analogia com pais impositivos ou indiferentes não é exagero.

Na verdade, a psicanalista francesa Janine Chasseguet-Smirgel fez clara referência a essa capacidade para a comunicação não-verbal como uma função da aptidão maternal do terapeuta. Aqueles que questionam sua utilidade, insiste ela, seguramente possuem um temor oculto de sua própria faceta feminina.[4] Da mesma forma, é este temor ao feminino que torna o estado meditativo tão ameaçador para muitos psicoterapeutas. Eles repudiam o estado mental que, por suas características de não-interferência, permite aos pacientes descobrir as questões que os imobilizam. A palavra budista *sunyata,* ou vacuidade, tem como sentido original, etimológico, "um vácuo fértil, o espaço côncavo de um útero fecundado." Quando um terapeuta é capaz de criar condições tão frutíferas através do uso do silêncio, o paciente não pode deixar de entrar em contato com aquilo que ainda está inacabado e com que ele ainda se identifica, ainda que inconscientemente.

Lembrei-me disso recentemente, quando estava com uma paciente que há alguns anos, depois de ser atacada por um assaltante, passou a lembrar-se de contatos sexuais com o pai. Como é comum em tais casos, ela tinha muitas dúvidas a respeito da veracidade daquelas lembranças, mas estava gradualmente permitindo a si mesma considerar que poderiam, de fato, ser verdadeiras. Naquela noite, sonhara que sua bolsa havia sido roubada e que a carteira, com o seu documento de identidade, se perdera. Ela me contou esse sonho no início da sessão, antes de ter se acomodado, e não me olhou diretamente quando descreveu seu sonho. Era comum que agisse assim durante a terapia. Recentemente, havia terminado um relacionamento com um homem que a maltratava e naquele período parecia agitada e assustada, como um animal que tivesse sido capturado por um caçador.

Um longo silêncio se seguiu ao seu relato. Ainda constrangida, disse que, de repente, se sentiu muito confusa. Eu lhe pedi que aproveitasse essa sensação de confusão e procurasse vivenciá-la, embora ela estivesse claramente desconfortável e tomasse essa sensação apenas como um obstáculo para o entendimento do sonho. Do vazio do silêncio surgira esta sensação de confusão com a qual minha paciente ainda se identificava; esta confusão era o material inacabado que o sonho trouxera à consciência.

Em seguida, lembrou-se de estar descendo as escadas para jantar com sua família e então ver seu pai sentado à mesa, presidindo a refeição, quando acabara de ter com ele um terrível encontro. Lembrou-se de ter perguntado a si mesma: "Quem sou eu?", enquanto observava seus pais e irmãos, todos agindo tão naturalmente. Esta era a origem de sua confusão. Incapaz de conciliar a sua imagem com aquela de seu pai, negara durante anos a verdade: a de que algo continuava a acontecer secretamente entre eles. Seu sonho, – além da conotação óbvia de estupro, simbolizado pela perda da bolsa – trouxe à tona as consequências mais insidiosas daquele trauma: a confusão que a atormentava e que ela era obrigada a representar através de seus contínuos envolvimentos com homens desonestos, no lugar de experimentá-la conscientemente.

Reagi de modo meditativo quando permiti que minha paciente se sentisse confusa. Eu não sabia o que significava pedir-lhe que vivenciasse essa sensação; sabia apenas que podia ser tratada não como um obstáculo, mas como um interessante fenômeno em si mesmo. Com a consciência treinada para a vivência do instante, eu estava preparado para este momento, e minha habilidade para manter a postura atentiva permitiu que a paciente se aprofundasse em sua experiência.

MEMÓRIA E DESEJO

Embora Freud tenha sido explícito quanto à importância da atenção uniformemente flutuante (*evenly suspended attention*), desde então os terapeutas têm tido grandes dificuldades para seguir suas recomendações. "É muito difícil", queixam-se eles. "Como deve ser feito?", perguntam. "Uma ansiedade como esta dificilmente ocorre de outra maneira na vida", lamentou Sandor Ferenczi.[5] "E quanto à atividade intelectual, a 'avaliação crítica', o 'raciocínio voltado para a solução de problemas e o 'processo cognitivo'?", indagam eles. Otto Fenichel – que, sozinho, sistematizou boa parte da técnica psicanalítica no seu ainda influente livrinho vermelho de 1938, *Problems of Psychoanalytic Technique* – desprezou os esforços daqueles que lutavam para cumprir as recomendações originais de Freud, acusando-os de meramente flutuar no inconsciente, "trabalhando duro por nada."[6]

O que esses analistas não conseguiram entender – e é difícil censurá-los se partirmos do pressuposto de que não tinham nenhuma experiência com a meditação – que um único estado mental, um estado equilibrado e estável de simples atenção, ou de atenção uniformemente flutuante, possa envolver tanto o pensamento não-verbal *e* racional quanto o pensamento intelectual. O processo cognitivo não precisa ser iniciado pelo terapeuta. Há cognição suficiente acontecendo com o seu consentimento. Quando há algo de significativo a ser dito, está mais que evidente. Contudo, frequentemente a atividade intelectual do terapeuta é uma defesa contra ter de vivenciar o silêncio do paciente, uma recusa a penetrar e experimentar o desconhecido junto dele, que é o que torna real a possibilidade de uma descoberta.

O que é terapêutico para muitas pessoas, em última análise, não é tanto a construção de uma narrativa sobre o passado que explique os seus sofrimentos, mas a experiência direta, no consultório, dos vestígios físicos das emoções que as estão refreando. Estes sentimentos espreitam os silêncios, manifestando sua presença quando a sala se torna quieta. Muitas vezes sob a forma de uma tempestuosa necessidade, uma mágoa sombria, ou uma raiva desesperada, são a prova de que a falta básica leva as pessoas a repetir comportamentos destrutivos sem saber por quê. A professora Zen americana Charlotte Joko Beck define a essência do Zen como um aprendizado sobre como *dissolver* os *"bloqueios cristalizados das emoções."*[7] A meditação tem uma dupla influência sobre essa questão: ela pode ensinar ao terapeuta como deixar estes sentimentos mais particulares surgirem ao longo da comunicação terapêutica e ensina ao paciente como conviver com eles quando aparecerem. Só então surge a oportunidade de acabar com a interminável repetição da emoção.

ATENÇÃO SIMPLES APLICADA À TERAPIA

Uma vez que o relacionamento terapêutico esteja solidamente estabelecido, ao ponto de permitir que o paciente comece a repetir as emoções não solucionadas de seu passado, o esforço terapêutico passa a ser o de aprender *como estar* com esses mesmos sentimentos. É neste ponto que a meditação, uma vez mais, pode ser extremamente útil. Da mesma forma que o terapeuta nunca está completamente instruído sobre como usar sua atenção do modo mais eficaz, tampouco o paciente é preparado para esta tarefa. Como terapeutas, esperamos que nossos pacientes desenvolvam a associação livre, mas não os ensinamos como fazê-lo. O método da atenção simples pode ser extremamente útil, principalmente quando um paciente está vivenciando uma emoção difícil, porque se opõe à nossa habitual tendência para representar ou ocultar nossos verdadeiros sentimentos. Boa parte de meu trabalho de terapeuta com uma perspectiva meditativa é ensinar às pessoas, no contexto da terapia, *como* prestar atenção ao que está se repetindo, de uma forma ao mesmo tempo meditativa e terapêutica.

As emoções que repetimos são aquelas com as quais mais nos identificamos e das quais temos pouca consciência. Elas representam aquilo que recusamo-nos a saber sobre nós mesmos, e é sobre elas que mais precisamos aplicar a atenção simples. Como a famosa behaviorista Marsha M. Linehan definiu, em um debate de que participei em 1988, "*The Buddha Meets The West: Integrating Eastern Psychology and Western Psychotherapy*" (Buda encontra o Ocidente: Integrando a Psicologia Oriental e a Psicoterapia Ocidental),[8] mesmo o paciente "marginal" ou o suicida se torna extremamente amedrontado com relação às suas emoções. Eles demonstram – ou, nas palavras de Freud, "repetem" – emoções em profusão, mas ao mesmo tempo estão afastados delas e temorosos daqueles aspectos de sua personalidade que são tão visíveis para as outras pessoas. Como Linehan bem notou, os princípios da atenção simples podem ser passados lentamente ou ensinados a tais pacientes através do behaviorismo, para dessensibilizá-los de suas próprias emoções. Um processo parecido é indispensável dentro dos parâmetros da psicoterapia.

Esta questão se mostrou muito claramente no atendimento que prestei a uma paciente chamada Eden, que, por muito tempo, não fez progresso algum em sua terapia. Até os quarenta e dois anos ela não conseguia conviver com sua mãe por mais de vinte minutos sem a censurar por seus defeitos. Eden não gostava de agir assim, mas não conseguia evitar este comportamento que era a expressão de uma dor mais profunda. Ressentida com o pouco interesse que sua mãe foi capaz de demonstrar por ela em sua juventude, Eden a atacava violentamente cada vez que ela lhe fazia alguma observação levemente depreciativa ou a questionava ou se intrometia em seus assuntos, o que acontecia com bastante frequência. Assim, quando sua mãe lhe fazia perguntas tais como: "Quem vai ficar com as crianças quando você sair?" "O que você vai dar de comer a elas esta noite?" ou "Por que o caçula está tão agitado?", Eden as interpretava como uma crítica à sua capacidade de ser mãe, o que é bem provável que fossem. No entanto, sua raiva a estas perguntas era como a de uma adolescente. Em seu relacionamento com a mãe, não conseguia agir com a maturidade que demonstrava possuir em outros aspectos de sua vida. Seu desejo – sempre frustrado – era o de ser tratada pela sua mãe *de outra maneira*. A necessidade de reparação era tão forte que, certa vez, depois de ter saído de um jantar na casa de sua mãe, criticou-a porque ela não fora capaz de lhe dar um abraço caloroso de despedida. Na verdade, para seu espanto, sua mãe a havia abraçado no momento em que saía. Eden simplesmente não percebera o gesto.

Naturalmente, Eden tinha motivos para ter sentimentos tão intensos. Suas lembranças formavam a imagem de um relacionamento mãe-filha onde havia intimidade, mas pouquíssima ternura. Sua raiva ao gesto da mãe – que considerara insuficiente – sugeria, no mínimo, alguma incompatibilidade de temperamentos antiga e ainda em curso. Suas lembranças posteriores confirmaram as dificuldades de sua mãe em perceber e atender às suas necessidades. Dos doze aos quinze anos, quando o corpo de Eden se transformava no de uma adolescente, sua mãe ignorou essas mudanças, mandando-a para a escola em roupas infantis. Eden sentia muita vergonha de seu corpo, mas foi incapaz de pedir ajuda à mãe, temendo que ela reagisse com mais indiferença. Paralelamente, a mãe de Eden estava extremamente envolvida com outros aspectos da vida da filha, uma vez que vivia a fazer comentários sobre o seu peso e seus hábitos alimentares, o que levava Eden a se esconder na cozinha sempre que comia. Finalmente foi salva pela visita do médico da família, que ordenou à mãe que vestisse a filha adequadamente. Mas Eden continuou a sentir que não era notada, como se as pessoas não a vissem ou como se houvesse algo de errado com ela. Numa certa ocasião, deixou sobre o travesseiro da mãe uma carta onde falava sobre seu sofrimento e a sensação de ser invisível. Nunca recebeu resposta.

Já adulta, Eden se sentiu atraída pela filosofia budista, mas se recusava a praticar a meditação formal. Ela colocava sua resistência em termos de independência: não queria se submeter a nenhum tipo de estrutura artificial, queria meditar à *sua própria maneira,* e não daria crédito a um professor cheio de defeitos, permitindo que dissesse o que ela deveria fazer. Contudo, Eden veio a perceber, com a terapia, que estava, na verdade, com medo de sua própria dor. O relacionamento conturbado com a mãe fizera com que se sentisse tão sem valor e tão magoada que não conseguia se permitir estar com esses sentimentos tão profundos. No lugar disso, continuou atribuindo a si mesma a origem dos problemas, na inútil tentativa de receber uma outra mensagem de sua mãe, que, por sua vez, também devia estar se sentindo afastada dela.

Na terapia, Eden não expressava sua raiva como fazia com sua mãe. Por muito tempo, ela simplesmente descreveu os detalhes de sua vida sem nenhuma emoção. Então, certo dia, Eden só chorou. E continuou chorando por muitas semanas, sem que nenhum de nós soubesse porque ela chorava. Simplesmente se sentava e, mais cedo ou mais tarde, começava a chorar. Nem sempre parecia estar triste, no entanto, soluçava, sentindo-se muito envergonhada por isso. Ela não estava apenas experimentando a mágoa e a dor pelo relacionamento insatisfatório com sua mãe mas, provavelmente – e isto era o que mais importava – estava permitindo que eu a visse enquanto desmoronava diante de mim. Era esta dissolução, que acontece tanto no amor e na alegria quanto no sofrimento, que Eden vinha negando. Sua mãe se sentia tão pouco à vontade diante das suas emoções que não permitiu que elas fossem expressadas, como demonstrou, de forma tão dramática, não respondendo à carta da filha. A vergonha que Eden sentia ao expressar suas emoções era o reflexo da vergonha que sempre sentiu por não corresponder àquilo que sua mãe esperava que fosse. Fora obrigada a construir precocemente as fronteiras de seu ego para poder lidar com as exigências de sua mãe, e sempre teve a impressão de que era perigoso demais entregar-se aos seus próprios sentimentos. A raiva incontrolável que dirigia à mãe, quando adulta, apenas reforçava a noção de que seus sentimentos eram perigosos e estavam fora de controle.

A mãe de Eden estivera empenhada em preparar a filha para o mundo, mas jamais se preocupou em entrar em seu universo interior. A terapia permitiu que Eden parasse de esperar qualquer atitude diferente vinda de sua mãe, e que aceitasse a mágoa, a dor e a desvalorização como uma consequência natural do relacionamento imperfeito que tivera com ela. O objetivo neste caso, era, de certo modo, oposto àquele exercício tibetano de ver todos os seres como se fossem mães. Eden precisava parar de ver sua mãe como *mãe:* ela deveria tratá-la simplesmente como uma outra pessoa, passando, assim, a tolerar os pequenos insultos que tanto marcaram a sua infância. Contudo, minha maior contribuição não estava em qualquer análise que possa ter feito sobre a situação de Eden, mas na minha habilidade em criar um ambiente onde lhe parecesse seguro vivenciar os sentimentos proibidos de seu passado.

REPARAÇÃO

Embora qualquer uma dessas difíceis emoções (raiva, desejo, excitação, vergonha ou angústia) possa vir a ser objeto da atenção simples com finalidades terapêuticas, o que ocorre com mais frequência é o esforço por uma reparação, como aquele que a história de Eden mostra tão bem. O que não conseguimos lembrar, ainda que continuemos a repetir, são as consequências de um drama de nossa infância onde, como vimos, somos abandonados como Oliver Twist, pedindo mais. Tratamos aqui do sentimento de estar prematuramente separado ou desconectado, de sentir-se irreal e esquecido. Uma consequência comum desse fato é a sensação – como um de meus pacientes recentemente descreveu – de "ser odiado por todos", ou de vivermos em uma solidão insuportável. Outra consequência é a de chamarmos pela atenção de alguém que já provou inúmeras vezes ser incapaz de atender-nos.

Assim como Freud rapidamente percebeu, raramente somos capazes de recordar ou vivenciar diretamente os acontecimentos traumáticos da infância, seja através da meditação, seja através da psicoterapia. É muito mais provável que continuemos a repetir comportamentos que, num certo sentido, são a tentativa de reparar ou negar as privações originais. Como Eden demonstrou no relacionamento com sua mãe, é mais fácil exigir furiosamente a completa harmonia com os pais do que tolerar o relacionamento imperfeito que existe na realidade. Exigimos, sem descanso, a reparação, na esperança de podermos corrigir o relacionamento que temos com nossos pais, entregarmo-nos a nossos amados num tipo de encontro sem palavras que nunca experimentamos, ou conseguir estabelecer com aqueles que nos desapontaram uma relação harmônica em que nunca mais nos desapontarão. No entanto, a inevitável tendência, nesse tipo de comportamento, é tentarmos modificar o outro, nunca nós mesmos.

Minha tarefa como psicoterapeuta é mostrar como podemos nos modificar. Nestes casos, a pessoa deve primeiramente aprender a observar o que está se repetindo (a raiva, a tentativa de destruir o distanciamento que a decepciona, o desejo mórbido de atenção), para então sentir o vazio interior que está por trás da necessidade de uma reparação. É este vazio – com o qual tanto se identificam aqueles que estão marcados pela falta básica – que deve ser sustentado no espaço atentivo da atenção simples. Com frequência isso significa contra-atacar com a fúria de um amante rejeitado, mas ao ajudar as pessoas a persistirem no caminho de volta à experiência direta daquele terrível vazio, através dos sentimentos defensivos que envolvem a sensação de ter sido ultrajado, o medo que permeia a percepção sobre si mesmo pode ser aos poucos revelado. Este é um objetivo que há muito vem sendo acalentado pela psicoterapia, mas que agora se torna possível graças às contribuições da consciência meditativa.

A LACUNA

Assim que comecei a trabalhar como terapeuta, tive a oportunidade de aprender sobre o desejo de reparação quando uma jovem chamada Paige começou a fazer terapia comigo depois de abandonar a faculdade e ameaçar cometer suicídio. Paige se sentia só, desorientada e sem o apoio da família. Além disso, tinha medo de ser humilhada em relacionamentos que desejava e temia ao mesmo tempo. No início, era torturada por sonhos terríveis nos quais continuamente a seguiam, pessoas se aproximavam ameaçando-a, ou então era perseguida. Ela passou a me telefonar com frequência entre uma sessão e outra, algumas vezes implorava desesperadamente para que eu a ajudasse e outras vezes mostrava-se indignada e ultrajada pelo modo como eu a estava desapontando. Exigia que eu lhe retornasse o telefonema, marcasse novas sessões e abandonasse tudo para cuidar dela. Em pouco tempo, passei a ter a sensação de que jamais conseguiria fazer o bastante, ainda que desse o melhor de mim tentando ajudá-la, acalmando-a e explicando-lhe as limitações do meu papel. Toda a minha sensatez era de pouca ajuda para Paige. Apenas quando percebi que ela estava, de fato, tentando me destruir, que não queria reconhecer os limites que havia entre nós, que sua necessidade de ter-me ao seu lado estava misturada à raiva, e que ela estava apavorada com a intensidade de sua fúria e precisava de ajuda para lidar com seu medo, é que pude começar a ser um terapeuta "suficientemente bom."

Paige estava repetindo, em seu relacionamento comigo, a fúria que sentia em relação à falta de atenção de seus pais quando ainda era apenas uma criança. No entanto, ela estava usando a mim para vivenciar esta raiva e não estava interessada em investigar sua origem na infância. Meu primeiro passo foi ajudá-la a encontrar um modo de vivenciar seus sentimentos sem atuar simplesmente. Tomada por tamanha raiva, Paige não estava totalmente consciente. Estava possuída por uma fúria justificada. Sentia-se no direito de me fazer exigências e, na verdade, estava mais em contato com esta exigência – que lhe parecia justa – do que com sua raiva. Seus sonhos continham essa fúria, mas sempre se voltavam contra ela mesma: pessoas que *a* seguiam e *a* assustavam, nunca o contrário. Paige via sua raiva como uma torneira que não podia ser fechada. Tinha medo de sentir raiva, de conviver com este sentimento simplesmente tolerando-o. Quando eu a proibi de me procurar entre as sessões, quando impus limites aos quais eu me mantive fiel, Paige sentiu uma curiosa espécie de alívio – e uma raiva mais discreta contra mim – que lhe permitiu concentrar-se sobre as perseguições de seus sonhos enquanto sentimentos de raiva dela dissociados. Paige foi capaz de dominar sua raiva ao aprender o que significava *sentir* raiva, e tornou-se muito mais humana, deixando de viver em um reino de horríveis projeções.

Tendo por fim aprendido a conviver com sua raiva, Paige se tornou capaz de lamentar as perdas irremediáveis de sua infância. Em vez de perpetuar, em sua vida atual, as condições que reforçariam a sensação de privação, isolamento e separação, como fizera comigo, Paige aprendeu a aceitar tais sentimentos como consequência de suas experiências de infância. Ao fazer uso constante da consciência meditativa sobre estes sentimentos desoladores, acostumando-se a eles lentamente, Paige foi capaz de se reconciliar com a pessoa na qual se havia transformado, e de chegar àquilo que desejava ser.

DE FANTASMAS A ANCESTRAIS

O processo terapêutico, portanto, encoraja justamente esse tipo de lamento. O psicanalista Hans Loewald escreveu como transformar *fantasmas* que assombram os pacientes em *antepassados,* provando do que ele chamou "sangue do reconhecimento", através do relacionamento com o terapeuta. Loewald afirmava que os fantasmas devem ser conduzidos para fora do inconsciente, ressuscitados pela intensidade do relacionamento terapêutico, e então sepultados, relegados à história, permitindo, assim, que a pessoa se torne mais flexível e intensa em seus relacionamentos atuais.[9] Seguindo esta tendência, o psicanalista britânico Michael Balint, ao descrever a falta básica, discutiu como auxiliar o paciente a transformar o "profundo ressentimento em pesar",[10] ajudando-o a reconciliar-se com as cicatrizes que se formaram em sua psique. Implícito nestas analogias amplamente citadas está o reconhecimento de que as dificuldades emocionais geradas pelas deficiências primitivas não nos abandonam realmente. Elas podem ficar trancadas em uma estante sobre a porta de entrada de nossa casa, como em um lar confucionista, mas devem inspirar profundo respeito.

Uma vez que o medo tenha sido identificado, que a falta tenha sido reconhecida, que a raiva tenha se transformado em lamento, surge, enfim, a oportunidade de utilizarmos a meditação de uma nova maneira. Exatamente porque a cicatriz não desaparece, a pessoa tem a oportunidade de concentrar a atenção sobre a imperfeição em torno da qual um eu concreto se formou. Os ocidentais estão sujeitos a esta falta básica, e por isso não podem começar a explorar a renúncia budista do eu sem primeiramente observar a intensa identificação que têm com sua dor emocional. Este processo raramente envolve *apenas* a terapia ou *apenas* a meditação, pois requer toda ajuda possível. Contudo, uma vez esclarecido o "profundo ressentimento" que tanto obscurece a mente observadora, o processo de elaboração pode finalmente começar.

Quando Freud imaginou *a maneira* de tornar o relacionamento terapêutico um meio para a elaboração das emoções repetitivas, propôs algumas coisas interessantes. Sustentava que às emoções deve ser dado, em primeiro lugar, o direito de reivindicar um "campo definido." O relacionamento deve então ser visto como um "*playground*", no qual "tudo o que está escondido" pode ser revelado. Os acontecimentos transcorridos durante a terapia devem ser como "uma região intermediária" entre a doença e a vida real,[11] um tipo de zona crepuscular da alma.

Embora muitos tenham considerado as afirmações de Freud excessivamente idealizadas, sua principal omissão foi falhar ao ensinar os seus seguidores *como* criar as condições que imaginou. A meditação é indispensável por mostrar, tanto ao terapeuta quanto ao paciente, como conservar a "região intermediária" de Freud e como deixar que uma emoção ou ação "reivindique para si um campo definido." Por meio da atenção simples ensinada por Buda, o *playground* de Freud pode ser construído.

CAPÍTULO X

ELABORAR

Lembro-me de uma ocasião, não faz muito tempo, em que eu estava sentado no consultório do meu terapeuta, falando-lhe sobre uma discussão que tivera com uma pessoa de quem sou muito próximo. Não consigo lembrar muito bem os detalhes, mas eu havia feito qualquer coisa que deixara uma amiga muito aborrecida e ela ficara com raiva de mim – uma reação injustificável e desproporcional, na minha opinião. Obviamente, também eu ainda estava com raiva, e lembro de ter ficado aborrecido e frustrado enquanto contava os acontecimentos ao meu terapeuta.

"Tudo o que posso fazer é amá-la ainda mais nessas ocasiões" – eu insistia em dizer, com uma certa melancolia, recorrendo aos meus anos de prática de meditação e à sinceridade de meus sentimentos mais profundos, na esperança de libertar minha mente da raiva que a dominava.

"Isso nunca vai dar certo", disse-me bruscamente, e foi como levar uma bengalada de um mestre Zen. Nessas ocasiões, meu terapeuta costumava me olhar com um ar um tanto irônico, como que espantado com a minha insensatez. "O que há de errado em sentir raiva?", dizia.

Esta interação continua ecoando dentro de mim porque, de certo modo, cristaliza as dificuldades que eu vinha enfrentando ao tentar integrar o Budismo aos procedimentos psicológicos do Ocidente. *Há* algo de errado em sentir raiva? Será possível livrarmo-nos dela? O que significa *elaborá-la?* É preciso que eu discuta estas questões até a exaustão quando faço terapia, quando se torna claro para mim que *elaborar* uma emoção como a raiva com frequência significa algo mais que simplesmente eliminá--la. Pois, como a Roda da Vida Budista demonstrou de forma precisa, é a perspectiva do sofredor que determina se uma dada experiência perpetuará o sofrimento ou servirá de veículo para o despertar. Elaborar algo significa transformar o nosso ponto de vista. Se, ao contrário, tentamos transformar a emoção ou as suas causas, talvez possamos ter sucesso por um breve período, mas continuaremos prisioneiros, devido às forças do apego e da aversão, dos mesmos sentimentos com os quais lutamos, tentando nos libertar.

Freud descobriu que podia revelar as emoções ou os comportamentos inquietantes por meio do relacionamento terapêutico, mas não conseguia fazê-los desaparecer com absoluta certeza. Simplesmente apontar as repetições do paciente não as detinha, tampouco interpretar as suas motivações infantis. Era necessário algo mais, algo a que a estratégia budista da atenção simples também aspira: o *conhecimento* gradual do material do descontentamento, conforme vai emanando do nosso próprio ser. Como Freud colocou: "Devemos proporcionar ao paciente o tempo necessário para que se familiarize com a resistência sobre a qual ele agora está informado, para que possa *elaborá-la,* superá-la, continuando, a despeito dela, o trabalho analítico, de acordo com a regra fundamental da análise."[1]

Assim, elaborar é, mesmo para Freud, o processo de tornar--se completo, reapropriar-se daquilo que se afastara de nós, de admitir o que preferiríamos negar. É, também, o processo que torna *presente* aquilo que de outra maneira continuaria enterrado no passado, para que possa, de fato, ser vivenciado como algo que emana da própria pessoa. "Devemos tratar a doença [do paciente] não corno um acontecimento do passado, mas como uma força ainda presente,"[2] insistia Freud.

Daí vem que elaborar algo significa antes de tudo aceitar que é impossível escapar ao sentimento em questão. Foi esta a primeira lição que aprendi com o meu terapeuta, quando me perguntou o que havia de errado em sentir raiva. Esta também é a conclusão a que inevitavelmente chegamos quando lidamos com aquilo que defino como sendo a falta básica. Esta "cicatriz na estrutura mental"[3] que toma a forma da raiva, da vergonha ou de uma desoladora solidão, deve, por fim, ser aceita como ela é, destituída da vã necessidade de reparação que, sob outros aspectos, impede sua pronta compreensão. É isto o que Freud queria dizer quando alertava para tratarmos a doença "como uma força ainda presente." Por meio da prática da atenção simples, o Budismo oferece um método para ampliarmos a visão das emoções que nos perturbam, aceitando-as como uma força ainda presente. Exatamente como a associação livre, a transferência e a análise das resistências supostamente podem revelar cicatrizes, também a atenção simples nos proporciona um modo de fazê-lo sem dependermos de ninguém. É esta a manobra terapêutica que Freud descreveu, em seu ensaio "Análise Terminável e Interminável", como algo tão difícil de ser conquistado. Elaborar algo, ao que parece, envolve não apenas a rememoração ou a repetição do material reprimido, mas a conquista de uma habilidade perceptiva que nos permita desenvolver aquilo que os psicanalistas chamam de "ego". O Budismo sempre apresentou a meditação como uma forma de desenvolvermos a mente. A psicoterapia chegou ao ponto de também reconhecer a necessidade de algo além do simples *insight*. Agora pode recorrer ao Budismo para realizar isto.

ELA, A EMOÇÃO

Quando iniciamos o processo terapêutico, exatamente como quando começamos a praticar a meditação, nossas emoções nos parecem perigosas. Prova disto, num encontro terapêutico, é que descrevemos as emoções como se fossem entidades independentes. Ao descrever as dificuldades que tive com a amiga que ficara tão aborrecida comigo, eu poderia ter dito: "Esta incrível raiva tomou conta de mim." Isto indicaria um modo de vivenciar a raiva muito diferente de simplesmente dizer: "Estou sentindo raiva." Sendo um terapeuta influenciado pelo Budismo, percebo que estou atento a este modo de falar que rejeita as emoções, porque é um excelente indicador daquilo que ainda não foi elaborado. O reconhecimento verbal da nossa ligação com uma emoção nos obriga a um confronto que com frequência, representa um importante avanço no processo terapêutico. Não devemos nos esquecer que Buda segura um espelho para aqueles seres do Reino do Inferno que estão atormentados pela raiva e pela angústia. O terapeuta, na mesma situação, deve criar "condições para que o paciente possa estar entre as suas quinquilharias à vontade e em segurança, sem ter a sensação de que irá se despedaçar."[4]

Como os psicanalistas apontam continuamente, a tendência de uma personalidade neurótica é se afastar de sua experiência emocional, ver os pensamentos, sentimentos ou sensações como "coisas" no lugar do "Eu", negando os aspectos fundamentais da experiência do eu. Corretamente compreendido, o Budismo se baseia na perspectiva de que nada somos além destas experiências: negar a realidade subjetiva dessas experiências significa fortalecê-las ainda mais como coisa fixa, poderosa e incontrolável. A pessoa em tal situação se sente subtraída de aspectos essenciais de sua experiência pessoal. Um princípio fundamental do pensamento budista é aquele segundo o qual para que o vazio do *eu* possa ser compreendido, o eu deve primeiramente ser vivenciado *completamente, da forma como ele se manifesta.* É tarefa da terapia, e também da meditação, devolver à consciência da pessoa esses elementos separados, fazendo com que ela veja que não são, de fato, *elementos* separados, mas aspectos essenciais do seu ser.

Tomando como exemplo os meus avanços na meditação, percebi que o primeiro passo para a elaboração, a partir de uma perspectiva budista, é descobrir de que maneira a metáfora espacial do eu vem sendo usada como defesa para manter reprimidos aspectos fundamentais da pessoa. Quando alguém descreve emoções como a raiva, rejeitando-a ou dissociando-a, estas emoções passam a ser vivenciadas coma coisas ou entidades em si mesmas, e sobre as quais a pessoa tem pouca ou nenhuma autoridade. Isto cria uma situação que curiosamente faz lembrar as primeiras tendências do pensamento psicanalítico, nas quais o id era visto como o repositório das "pulsões" infantis, que eram por sua própria natureza, "imutáveis" ou incapazes de amadurecimento ou desenvolvimento.[5]

Exatamente como os exercícios budistas que recomendam a concentração como método para explorarmos a metáfora espacial, na terapia, a concentração vem a ser o meio para recuperarmos emoções expropriadas e reificadas, tais como a raiva. Quando a atenção está treinada para lidar com a emoção em questão – especialmente quanto à sua sensação física – essa emoção deixa gradualmente de ser vivenciada como uma entidade estática e assustadora e se torna, ao contrário, um *processo* definido pelo tempo, assim como pelo espaço. A técnica da concentração permite que as emoções difíceis sejam vivenciadas como pertencentes ao nosso próprio ser, e desta forma podem ser compreendidas e aceitas, em vez de temidas pela sua força bruta. Assim, voltando ao meu próprio exemplo, quando fui capaz de concentrar a atenção sobre as sensações corporais provenientes da minha raiva – no lugar de tentar evitar essa "coisa" terrível, contrapondo a ela o meu "amor" – fui capaz de reconhecer que era impossível escapar a essa minha reação. Eu estava ofendido e ficara com raiva, mas nem tudo estava perdido. Quando admiti a raiva, pude relaxar.

Embora muitas vezes a raiva seja uma perfeita candidata para este tipo de tratamento, a excitação também pode ser surpreendentemente assustadora. Lembrei-me disto recentemente, quando uma jovem a quem eu atendia começou a falar sobre um encontro romântico com um rapaz que talvez viesse a ser seu namorado e com quem, contrariando suas expectativas, se sentira pouco à vontade. "Eu posso ver a cena", contou-me Gwen no dia seguinte. "A música romântica, ele vindo se sentar perto de mim. A ansiedade começou a crescer e era tão forte... que eu caí fora."

Então eu a interrompi e disse: "Você diz que a sua ansiedade estava crescendo", apontando-lhe que estava descrevendo a ansiedade como uma entidade independente. "O que aconteceria se você dissesse 'Fiquei ansiosa'?" Gwen, então, diminuiu a intensidade de sua fala: "Era tão intensa, tão devastadora...", relutante ou incapaz de redefinir a sua experiência.

Gwen é um bom exemplo de alguém que não permitia que sua ansiedade – e provavelmente sua excitação – passasse a fazer parte de sua vida. Apavorada com as próprias reações, Gwen era incapaz de vivenciar a si mesma como uma pessoa ansiosa, e assim não conseguia manter um encontro íntimo onde a excitação ou a ameaça da perda das fronteiras do ego provocavam uma emoção que não conseguia suportar. Quando esta emoção veio à tona, Gwen pensou que "era errado" estar ansiosa em uma situação romântica como aquela e que, ao contrário, deveria estar "aberta como uma flor." Sua verdadeira reação confirmou uma ideia sobre si mesma condizente com aquela que desenvolveu em resposta à mãe censuradora que a rejeitara: havia algo de errado com ela. O defeito, do seu ponto de vista, era a sua ansiedade, que ela vivenciava como uma entidade perigosa e ameaçadora que podia esmagá-la e embaraçá-la, em lugar de tomá-la como uma experiência pessoal temporária e circunstancial.

Se Gwen examinasse a si mesma por meio da psicanálise clássica, talvez tivesse continuado separada de sua ansiedade e excitação, continuando a vê-las como "outras coisas", dissociadas e assustadoras, que ela poderia, na melhor das hipóteses, aprender a controlar ou regular. Contudo, ao longo do processo, Gwen aprendeu como trazer à consciência a sua experiência física da ansiedade, e começou a se expressar mais espontânea e vivazmente, de modo a aceitar a ansiedade tanto quanto a intimidade, a excitação tanto quanto o medo. Quando aprendeu que sua ansiedade se transformaria ao longo do tempo e que poderia estar ansiosa e concomitantemente próxima de outra pessoa, Gwen começou a se permitir viver experiências diferentes.

Exatamente como ocorre no caminho tradicional da meditação, Gwen começou a ampliar as concepções que tinha sobre a sua pessoa, abandonando a ideia que se baseava exclusivamente em uma metáfora espacial – onde havia "partes" distintas e conflitantes –, e passando a ter uma visão mais integrada e coesa, que se organizava em torno de uma ideia de si mesma, que fluía com elasticidade e flexibilidade. Esta foi a principal modificação ocorrida na percepção de Gwen sobre si mesma e que surgiu do processo de aprendizagem de novas habilidades perceptivas que lhe possibilitaram conviver com sua excitação, no lugar de transformar esta excitação em uma força assustadora que ameaçava destruí-la. Ela foi capaz de sair de uma situação de *conflito* – onde o *dever* "abrir-se como uma "flor" estava em desacordo com a sua real ansiedade – e chegar a uma situação de *ambiguidade*, onde conseguia suportar estar ao mesmo tempo excitada *e* ansiosa.

INOCÊNCIA ULTRAJADA

Se partirmos da perspectiva budista, o primeiro passo da elaboração é, como na meditação, aprender a conviver com as emoções ameaçadoras, sem julgá-las. O próximo passo é encontrar o significado do "Eu" que, quando predomina a concepção espacial, se esconde atrás de ações e emoções negadas. Assim, Gwen precisou encontrar e aceitar o "Eu" que estava ansioso, e eu precisei encontrar e aceitar o "Eu" que estava com raiva. Quando trabalhamos nesse sentido, as emoções conflitantes deixam de ser tão ameaçadoras a um sistema precariamente equilibrado e passam a ser o reflexo de necessidades humanas básicas que precisam de atenção. Assim, a raiva pode indicar a incapacidade ou relutância em usar de agressividade para a superação de um obstáculo que nos frustra, enquanto a ansiedade pode ser compreendida como a incapacidade ou relutância em admitir a ânsia ou o desejo. O processo de elaboração se inicia quando pesquisamos as origens dos sentimentos, até encontrarmos a necessidade original que não foi satisfeita e o "Eu" que não foi capaz de admitir essa necessidade. Em muitos casos, uma vez que a necessidade ou o obstáculo estejam identificados e a pessoa admita estar envolvida, o trabalho terapêutico passa a avançar com muita facilidade.

Este procedimento funciona muito bem até certo ponto. Contudo, suas limitações começam a aparecer quando chegamos aos traumas de infância – e com eles, à necessidade de uma reparação impossível que tão bem caracteriza o Reino dos Espíritos Famintos. Com frequência, quando percebemos que as necessidades do passado nunca foram e nunca poderão ser satisfeitas, que os obstáculos do passado nunca foram e nunca poderão ser superados, surge a profunda sensação de termos sido ultrajados. Como deixei claro nos capítulos anteriores, é este tipo de percepção que caracteriza a experiência ocidental da separação, na psicoterapia. Este sentimento de termos sido ultrajados é característico daquilo que passou a ser chamado "narcisismo": a insistência egoísta e a esperança vã de que o vazio interior deva, de alguma maneira, se extinguir. Presumir que com a simples transformação da sensação de termos sido ultrajados conseguiremos, de alguma forma, nos libertar deste sentimento é, infelizmente, um ponto de vista demasiadamente ingênuo. Nesses casos, recuperar a emoção do descontentamento de nada adianta, se partirmos do pressuposto de que a única solução possível seria restabelecer uma ligação que já se rompeu.

A meditação realmente oferece um meio de aliviar temporariamente este vazio – o que não costuma ser conseguido por meio das terapias ocidentais – através do desenvolvimento de estados de concentração prolongados, nos quais as fronteiras do ego se dissolvem e as sensações de deleite predominam. Tais estados, que na cosmologia budista simbolizam os reinos dos desejos mais elevados e prazerosos, representam as satisfações mais desenvolvidas, que reforçam a sensação de otimismo, esperança e possibilidade. No entanto, há uma outra contribuição do Budismo ainda mais útil quando atingimos o âmago desse sentimento de termos sido ultrajados. Esta é, num certo sentido, a arma secreta do Budismo, o meio pelo qual podemos abandonar a sensação de termos sido intensamente ofendidos e concentrar a atenção em *quem* está vivenciando este sentimento, compreendendo, deste modo, aquilo que a psicologia budista considera a *relatividade* das emoções narcisistas.

Na tradição tibetana – de acordo com o especialista em Budismo Robert Thurman – a melhor ocasião para observarmos o eu com lucidez é no momento em vivemos uma situação em que tivemos nossa *inocência ultrajada,* quando fomos insultados e pensamos "Como ele pôde fazer isto comigo? Eu não mereço ser tratado desta maneira."[6] É nesta ocasião, diz Thurman, que o "nó difícil de desatar" do eu é melhor percebido, pois o eu não pode ser verdadeiramente compreendido, sob a ótica budista, até que seja visto com clareza, da forma como se apresenta.

Este estado de inocência ultrajada é o equivalente budista da falta básica, mas no Budismo representa uma excelente oportunidade, e não lugar para a resignação. Na perspectiva budista, entrar em contato com o estado de inocência ultrajada e sustentar este sentimento de ultraje, com o contrapeso da consciência meditativa, é a porta de entrada para o *insight*. Todos os exercícios preliminares de meditação foram uma preparação para este exato momento, pois o caminho do *insight* é, acima de tudo, investigar a natureza deste "Eu" que se sente ultrajado. Até que se sinta assim, não pode ser objeto da investigação meditativa. No meu consultório tenho, de certo modo, celebrado o aparecimento deste "Eu" ilusório para transmitir aos meus pacientes, no momento de sua mais pungente indignação, as possibilidades que enfim se abriram a eles. No Zen, são chamadas de portão de entrada sem portão: o portal de acesso para o caminho do *insight* que, quando examinado de perto, se revela insubstancial.

O poder desta abordagem – por lidar com a natureza intratável das emoções reativas que tanto deturpam a experiência da falta básica – não deve ser superestimado. Embora o primeiro passo seja integrar as emoções negadas, encontrar e aceitar a sensação do "Eu" que tem estado deslocado, o passo decisivo, do ponto de vista budista, é a mudança de perspectiva: abandonar as emoções reativas e passar à sensação do "Eu". Ao fazer isto, a preocupação com o ultraje gradualmente diminui e se transforma em interesse pela investigação do "Eu". A visão budista sobre a mutabilidade das emoções reativas sempre se fundamentou sobre este fenômeno. Não que as emoções desapareçam necessariamente (embora alguns especialistas budistas cheguem ao ponto de afirmar que finalmente desaparecerão), mas a vida se afasta delas quando descobrimos que a sensação do "Eu" é menos substancial do que inicialmente presumíamos. Partindo da perspectiva da inocência ultrajada, as mesmas emoções que pareciam ser uma questão de vida ou morte passam a ser absurdas ou, no mínimo, relativas.

VAZIAS DE CONTEÚDO

Há muito os psicoterapeutas e os psicanalistas vêm discutindo se, de fato, as chamadas emoções pulsionais podem ou não se transformar. A visão clássica sustenta que não – que mesmo depois que a repressão tenha sido dissipada, mesmo depois que a raiva tenha sido confessada, ambas ainda deverão ser reguladas ou controladas pelo ego. A visão alternativa sustenta que uma vez que o material proveniente da insatisfação esteja integrado por meio de ações conscientes, há uma verdadeira mudança no modo como estas emoções são vivenciadas. Quando isto acontece, insistem os que compartilham deste ponto de vista, percebemos que estas emoções primitivas são "vazias de conteúdo."[7]

Por este ponto de vista, o ego não precisa condenar as emoções pulsionais quando elas se tornarem conscientes: o próprio ato de nos conscientizarmos delas as esvazia de seu conteúdo infantil. Assim, o enfoque Budista propõe uma etapa intermediária extremamente importante. Tal esvaziamento é realmente possível, afirmam os Budistas, mas não surge porque simplesmente nos conscientizamos das emoções, mas sim devido ao cuidadoso exame dos subjacentes sentimentos de identificação que acompanham a experiência emocional. Ao trazer esta identificação para o foco da questão, a abordagem Budista fecha o caminho das emoções reativas e inaugura uma nova estrada para a sua elaboração. Este enfoque deriva diretamente da progressão lógica do caminho da meditação, no qual as técnicas de atenção simples, concentração e conscientização dão lugar àquelas da investigação analítica, essencialmente ligadas à experimentação do eu. Ao deixarmos de dar atenção à emoção e nos concentrarmos sobre a nossa identificação com a emoção, esta emoção passa a ser vivenciada de uma nova forma. Esta experiência é análoga àquela de tentar ver uma estrela distante a olho nu: ao desviarmos um pouco o olhar da estrela, realmente enxergamo-la com mais nitidez.

Imagino que Freud teria apreciado este procedimento. Em seus escritos sobre as "pulsões", ele parece ter desenvolvido uma fé semelhante no poder que a investigação constante e objetiva tem de provocar uma transformação na consciência. Ao fazer isso, Freud chegou a algumas conclusões sobre as pulsões que são muito próximas das conclusões budistas a respeito do eu. "A teoria das pulsões é, por assim dizer, a nossa mitologia", disse Freud em suas *New Introductory Lectures*.[8] "As pulsões são entidades míticas, magníficas em sua indefinição. Em nosso trabalho, não podemos negligenciá-las nem por um momento, embora jamais estejamos seguros de vê-las com clareza."

Os psicoterapeutas que se utilizam do enfoque Budista concordariam com esta afirmação, mas insistiriam em retirar o foco de atenção das pulsões e depositá-lo sobre o eu, pois quando a magnífica indefinição do eu é compreendida, as "pulsões" se tornam muito menos significativas. Esta transformação se torna possível através da observação do eu que se sente ultrajado, e não apenas através do exame das sensações de ultraje. Quando a natureza mítica daquele eu aparente é percebida, o vazio relativo às emoções egoístas pode, com alguma dificuldade, ser evitado.

No contexto da psicoterapia, este procedimento é especialmente útil, porque permite a avaliação simultânea da intensidade das emoções reativas *e* do terreno sobre o qual elas estão precariamente equilibradas. Elaborar significa harmonizar-se com ambos. Vamos considerar o que aconteceu a um paciente meu chamado Carl – publicitário de quarenta anos que havia feito, certa vez, um retiro meditativo. Sua história resume concretamente esta discussão.

Carl era capaz de tomar conta de tudo e de todos. Nas suas sessões de terapia, mostrava-se exímio contador de histórias, alinhavando, imperceptivelmente, um caso no outro, para que eu nunca ficasse entediado. Demorei um bom tempo até perceber que Carl repetia espontaneamente, comigo, um comportamento que também costumava ter em outros relacionamentos importantes de sua vida. Suas histórias eram tão divertidas e aparentemente tão relevantes que Carl dava a impressão de estar intensamente envolvido com a sua terapia, mas acabou se confirmando que ele estava profundamente empenhado em tomar conta de mim.

A necessidade que Carl tinha de cuidar daqueles com quem estava intimamente envolvido e seu medo básico da dependência derivavam da trágica morte de seu irmão mais velho em um acidente de carro, quando Carl tinha apenas quatro anos. Seus pais reagiram com um compreensível pesar, mas este lamento nunca cessou, tampouco se falava sobre ele. Carl não se lembrava de sua própria perda: transformara-se em alguém que parecia estar sempre alegre, estudante e atleta de destaque, que escondeu com sucesso a sensação de isolamento até que seu primeiro relacionamento duradouro chegasse ao fim. Os progressos de Carl na terapia não precisam ser aqui detalhados, mas ele chegou a atingir um ponto que eu definiria como de avaliação da falta básica, deixando de fugir das devastadoras consequências emocionais da morte prematura de seu irmão.

Quando Carl passou a meditar intensivamente, começou a sentir uma dor física opressiva e intermitente. Este não é o tipo de dor que caracterize a meditação inicial: a dor nas costas, nos joelhos ou no pescoço se intensifica, mas depois desaparece, à medida que os pontos de tensão muscular são vivenciados e relaxados.

A dor de Carl parecia ser de um tipo diferente, com características que logo o convenceram de que havia algo de fisicamente errado com ele. Essa dor começou a ocupar sua atenção tão completamente que Carl fez todo o tipo de previsões desesperadoras a respeito do seu futuro e entrou em pânico. Tentou de tudo para escapar a essa dor, mas isto apenas parecia torná-la ainda pior. Carl tinha a sensação de estar sendo esmagado por uma prensa.

Esta situação continuou até que lhe surgisse o seguinte pensamento: "Esta é a dor que *nunca* acaba." Então, Carl uniu sua experiência física, vivida através da meditação, à experiência emocional, vivida através da terapia. Neste ponto, foi capaz de tratar a dor como aquela que, de fato, nunca *acabaria,* originada na perda simultânea do irmão *e* do afeto de seus pais. Utilizando a atenção simples, Carl foi capaz de conviver com sua dor sem entrar em pânico, mas até que ele fosse capaz de deslocar sua atenção da dor para o "Eu" que estava se sentindo ferido, fez poucos progressos. Esta mudança ocorreu no momento em que Carl percebeu que estava a todo instante repetindo a si mesmo "Sinto muito, sinto muito", como se fosse ele o responsável pelo sofrimento de seus pais e por nunca terem tempo para estar com ele.

Ao suportar esse sentimento, envolvendo-o com a consciência meditativa, Carl começou a vivenciar esta persistente dor física como se fossem feixes luminosos ou sensações que flutuavam, subindo e descendo ao longo de suas costas. Sentia-se como aqueles pacientes com dores crônicas que, ao lhes aplicarem um analgésico eficaz, dizem: "A dor continua a mesma, mas parou de doer." Depois dessa experiência, Carl conheceu profundamente sua dor, sua raiva e sua culpa, e assim, deixou de se sentir limitado por elas. Seus sentimentos não desapareceram, mas sua tendência compulsiva para cuidar de tudo e de todos desapareceu. Depois disso, Carl passou a se sentir capaz de viver diferentes tipos de relacionamentos mais íntimos. É isto o que se pretende dizer com "esvaziar os instintos": os sentimentos de Carl não mudaram realmente, mas ele não estava mais sendo guiado pelo seu conteúdo.

REDIRECIONANDO A AGRESSIVIDADE

A força da abordagem Budista está na sua habilidade para, no momento crítico em que sentimos que nossa inocência foi ultrajada, redirecionar nossa atenção *e agressividade* do "objeto" que nos desapontou – para o sujeito incompreendido. A insistência em uma reparação é, na verdade, uma forma francamente disfarçada de agressividade direcionada ao amado que nos desapontou, um temor oculto de que o fim dessa ligação tenha sido realmente causado pelo nosso próprio ódio ou necessidade. Redirecionando a atenção de volta à sensação do "Eu", o método Budista permite a exploração completa dos caprichos dessas emoções, questionando continuamente nossa implícita identificação com elas – identificação esta que, do contrário, impediria uma completa investigação. Assim, quando comecei a me interessar pela sensação do eu que surgiu com minha raiva, tive a impressão de expandir a área onde a raiva era expressada. Eu me sentia menos culpado, mas não deixara de sentir raiva. Na verdade, tornei-me capaz de tratá-la como uma reação a um desapontamento inevitável e passageiro, em lugar de pensar nela como uma ameaça a uma ligação afetiva da qual a instabilidade é uma qualidade inerente.

Podemos dizer que uma emoção como a raiva está elaborada quando seu surgimento permite que nos concentremos sobre a concomitante sensação do "Eu", quando *isso* se torna mais imperioso do que a sensação de indignação. Este redirecionamento, ou esta expansão da atenção, não se desenvolve como defesa – para não se ter de vivenciar a raiva – mas como uma forma de utilizar cada oportunidade com a intenção de explorar a natureza do eu. Ao desafiarmos a força motriz de uma emoção, podemos deixar a perspectiva autorreferente e assumir uma postura mais aberta e receptiva. Ainda que sem negar a realidade imediata do sentimento, podemos começar a sorrir para nós mesmos e para as nossas reações habituais.

Uma das descobertas mais importantes que fiz com a terapia é que fico irritado com a menor interrupção de uma ligação íntima. Embora eu possa entender que isto seja uma consequência da prematura separação que vivi na minha infância, este conhecimento isolado permitiu-me o *insight,* mas não o alívio. Eu continuava refém dos meus sentimentos toda vez que um amigo ou uma namorada me desapontavam. Contudo, quando me tornei capaz de aproveitar estas decepções para examinar em detalhes minha primitiva sensação de identificação, alguma coisa começou a mudar. Percebi que eu não podia ficar continuamente indignado, mesmo que por um motivo justo. Fui obrigado a relaxar e questionar a minha convicção de que um único episódio de separação tinha de ser interpretado como abandono. Ao diminuir minha agressividade, usando-a para redirecionar minha consciência, deixei de ser prisioneiro de minhas próprias reações instintivas. A capacidade para realizar esta transição – deixar de nos identificarmos com o pensador e passar a duvidar de sua realidade – é o que permite a correta elaboração das descobertas terapêuticas.

Enquanto o pensador estiver implicitamente aceito, haverá sempre algum apego narcisista à sensação, descoberta através da terapia, de termos sido ultrajados. Ao contrário, quando este ultraje pode ser usado para apontar com precisão a ilusória sensação do eu, passa, enfim, a exercer alguma função e pode, por sua vez, ser utilizado para um propósito maior. Com frequência, a terapia deixa as pessoas de posse das suas dores, mas sem os instrumentos necessários para aproveitá-las em alguma coisa. A terapia pode revelar a sensação latente do "Eu" – semente do narcisismo – sem saber como transformar essa descoberta em algo valioso. Apesar da terapia, continuamos a nos sentir presos sem esperança ou expectativas. Era nesses casos que Freud perdia as esperanças de sempre ser capaz de completar a análise.

O TÉRMINO DA TERAPIA

O fim da psicoterapia é a última oportunidade para encorajarmos esta transformação, onde deixamos de nos preocupar com a nossa inocência ultrajada e passamos à investigação do "Eu". Ela representa a oportunidade final de, por meio do relacionamento terapêutico, ensinar a alguém como transformar sua consciência, deixando-a longe dos sentimentos de injustiça e voltando-a para o vazio e para a ausência do ego, que, segundo os ensinamentos de Buda, são o antídoto para o sofrimento mental. Embora isto possa parecer arrogantemente abstrato, algumas vezes é o método mais prático à nossa disposição para ajudarmos uma pessoa a lidar com o renascimento de sentimentos difíceis, porque o término da análise sempre nos revela emoções residuais que deixaram de ser elaboradas.

Um dos meus primeiros pacientes a submeter-se por um longo período à terapia se chamava Jerry, e expressou inúmeras vezes o medo de que seu relacionamento comigo chegasse ao fim. No entanto, depois de trabalharmos juntos por muitos anos, finalmente começamos a reduzir a frequência de suas sessões.

Depois de uma terapia tumultuada, marcada por episódios tais como esperar do lado de fora do consultório para controlar, enciumado, o tempo das sessões dos outros pacientes – Jerry se mostrou pronto a começar o processo de conclusão da terapia. Contudo, à época de sua primeira sessão desmarcada, Jerry se sentiu como se eu o tivesse chutado porta afora. Ele ficou zangado e magoado, sentindo-se rejeitado, abandonado, inadaptado e irritado – reações que tínhamos explorado exaustivamente durante todo o processo terapêutico. Jerry não pôde evitar tais reações, ainda que, de uma distante ilha de lucidez, pudesse perceber que estas suas crenças não pareciam autênticas. Tal percepção deu-lhe forças para transformar esses sentimentos, da forma como venho descrevendo. No momento em que Jerry, usando o que havia aprendido, expandiu sua consciência ao ponto de abranger a identificação física que sentia com a injustiça, esta começou a lhe parecer absurda. Quanto mais se concentrava sobre a sensação subjetiva do "Eu", mais se tornava capaz de enfrentar o único sentimento que ele *não* estava vivenciando: a tristeza de me deixar. Como consequência, Jerry teve a experiência de não apenas ficar com raiva de mim, mas de sentir a minha falta durante a semana em que sua sessão foi suspensa. Como resultado do nosso trabalho conjunto, Jerry foi capaz de realizar a maior parte desse processo sozinho. Minha única contribuição foi a de apontar-lhe que ele parecia estar se precipitando em direção ao término de sua terapia, sem se deter para vivenciar o seu fim.

DISPOR-SE A BUSCAR O NOVO

Quando Jerry foi capaz de sentir minha falta, tornou-se capaz de buscar experiências novas que pudessem fazê-lo feliz. Em vez de continuar a sentir raiva ou mesmo tristeza, assumiu a responsabilidade de encontrar maneiras diferentes de manter-se interessado pela vida. Foi capaz de deslocar o seu foco de atenção da elaboração dos sentimentos difíceis para a "disposição para buscar"[9] prazeres ainda maiores. A técnica budista o ajudou a direcionar sua atenção para o importante momento em que sentiu que sua inocência fora ultrajada, pois de modo algum estava imune ao ressentimento com que começara o processo terapêutico. Ele ainda estava propenso a exagerar a menor das desfeitas, mas era capaz de transformar estes acontecimentos catastróficos em uma oportunidade para a inovação. Se as pessoas acreditarem na promessa de Buda (lembremos de sua relutância em anunciá-la, convicto que estava de que ninguém acreditaria), a possibilidade de um contentamento ainda maior estará diante daqueles que desejam solucionar sua dor psíquica desta maneira.

Ao revelar não apenas o irreparável sentimento de ultraje narcisista, mas também o sentido subjetivo do "ultrajado", a psicoterapia pode se unir ao Budismo de modo a ambos saírem enriquecidos. Ao trazer à luz o sentido subjetivo do "Eu", em um ambiente sensível e solidário, a psicoterapia pode fazer aquilo que, sozinha, a meditação não pode realizar: superar os obstáculos de uma mente ocidental para perceber e suportar a sensação da separação e do isolamento. Por recusar-se a ser descartado pela sensação da inocência ultrajada – que, com frequência, se precipita através de um bem-sucedido relacionamento entre paciente e terapeuta e, no lugar disso, usar esse sentimento como trampolim para a investigação do "Eu" aparente, o Budismo oferece o elo decisivo entre a elaboração e a disposição para buscar o novo, que, por muito tempo, frustrou os psicoterapeutas. Este elo representa uma mudança de perspectiva que pode, subitamente, reabrir uma questão que já parecia estar encerrada.

Esta transformação – que o Budismo incentiva continuamente e é descrita por ele de diferentes formas – é a contribuição mais importante que o Budismo tem a oferecer ao universo da psicoterapia. Justamente quando parece que não há mais nada a ser feito, Buda anuncia que uma outra porta se abrirá. Em seus ensinamentos, Buda usou inúmeros exemplos de morte e perda, não porque acreditasse ser errado reagir emocionalmente a esses acontecimentos (embora, algumas vezes, seguidores entusiastas e críticos céticos assim presumiram), mas porque mesmo estas experiências devastadoras podem ser solucionadas do modo como venho descrevendo. Não podemos encontrar o alívio a partir da dor emocional sem primeiro enfrentar o pensador.

O MECANISMO DE SUBLIMAÇÃO

O Dalai Lama começa cada um de seus discursos descrevendo o intenso anseio dos seres humanos pela felicidade e dizendo que o único propósito da prática espiritual é tornar essa felicidade uma realidade. A estratégia de concentrar a atenção sobre o "Eu" aparente nos momentos de ultraje narcisista é apenas um exemplo avançado de um procedimento muito usado no caminho budista, que é buscar constantemente satisfações mais maduras. O antídoto para o insensato desejo do Reino Animal, por exemplo, é representado na Roda da Vida por um livro, e o antídoto para a fome sem fim do Reino dos Espíritos Famintos é definido pelo alimento espiritual, ambos potentes símbolos da sublimação. A capacidade de *sustentar* uma emoção no espaço transicional da atenção simples é sempre descrita nos ensinamentos budistas como uma estratégia mais satisfatória e completa do que aquelas estratégias de renúncia ou submissão aos desejos.

Os estados de prazer provenientes dos exercícios de concentração são conhecidos por seus matizes de deleite e satisfação, e a possibilidade de se vincularem à sua dimensão sensual é um claro indicador de que são estados de sublimação dos desejos. A equilibrada serenidade, como fino chá, é sempre glorificada na literatura budista, pelo prazer superior que proporciona. Com certeza, na visão budista a consciência é o mecanismo da sublimação: seu aperfeiçoamento proporciona ao praticante da meditação um método que lhe permite descobrir prazeres que, de outra maneira, não lhe estariam disponíveis. É neste contexto que a estratégia de penetrar o narcisismo surge como o antídoto para a cicatriz provocada pela falta básica, e foi dentro deste contexto que o psicanalista Erich Fromm escreveu em seu importante livro *Zen Buddhism and Psychoanalysis:* "Para aqueles que sofrem com a alienação, a cura não está na *ausência da doença*, mas na *presença do bem-estar*."[10]

Contudo, Fromm se enganou quando atribuiu ao enfoque budista unicamente a produção de bem-estar. Como vimos, a meditação budista proporciona experiências de deleite *e* de terror, estados de sublimação dos desejos *e* de agressividade. Ao destacar apenas os estados de deleite, Fromm estava cometendo o mesmo erro de Freud quando comparou as experiências místicas ao sentimento oceânico. Pois como Buda nos ensinou, a instabilidade é inerente aos estados de bem-estar. Eles podem temporariamente fazer frente aos sintomas causados pela alienação, mas não representam a cura. A alienação exige um sentido – não um bem-estar – para ser definitivamente eliminada; o que Buda nos oferece é um caminho: a sensação de existir um *propósito,* cuja criação exige a enérgica reorientação da consciência para incluir a pressuposição da identidade. Exatamente naqueles momentos em que nos sentimos mais acuados, quando nossa agressividade inata e o sentimento de autodefesa é instintivamente lembrado, temos a oportunidade de trabalharmos em direção a um maior entendimento. A agressividade proveniente da inocência ultrajada pode ser aproveitada para destruir o narcisismo: isto é o que se entende por "potencial destrutivo" da meditação.

Quando Freud descreveu o sentimento oceânico como a apoteose do sentimento místico, e quando Fromm exaltou o bem--estar como a fruição da meditação budista, esqueceram-se de uma questão muito simples, porém essencial: a meditação não se propõe apenas a criar estados de bem-estar – propõe-se a destruir a crença em uma existência inerente ao Eu. "Pensamentos existem sem o pensador", ensinava o psicanalista W R. Bion. O *insight* surge mais facilmente, dizia ele, quando a existência do "pensador" deixa de ser necessária. Foi exatamente isto que Buda descobriu muitos anos antes dele. Assim, a experiência meditativa não precisa ser oceânica para nos revelar que há muito estamos à deriva.

NOTAS

INTRODUÇÃO:
BATENDO À PORTA DE BUDA

1. Rick Fields, *How the Swans Came to the Lake: A Narrative History of Buddhism in America* (Boulder, Colo.: Shambhala, 1981), p. 135.
2. Ver a correspondência de 19 de janeiro de 1930, de Freud a Romain Rolland. *In: Letters of Sigmund Freud,* ed. por Ernst Freud (Nova Iorque: Basic Books, 1960), pp. 392-93.
3. Sigmund Freud, "Civilization and Its Discontents", *Standard Edition of the Complete Psychological Works of Sigmund Freud,* ed. e trad. por James Strachey (Londres: Hogarth Press and Institute of Psychoanalysis, 1961), v. 21, p. 72. [Edição Standard brasileira: O *Mal-estar na Civilização.* Rio de Janeiro, Imago. v. 21 (N. da T.)]
4. Sigmund Freud, "Analysis Terminable or Interminable", Standart Edition, 23:235. Como foi discutido no início da terceira parte, Freud concluiu que apenas um ego "saudável" poderia se beneficiar plenamente da psicanálise. [E. S. B.: *Análise terminável e interminável.* Rio de Janeiro, Imago. v. 23 (N. da T.)]

CAPÍTULO I. A RODA DA VIDA:
O MODELO BUDISTA DA MENTE NEURÓTICA

1. Sigmund Freud, "Remembering, Repeating and Working-Through", *Standard Edition of the Complete Psychological Works of Sigmund Freud,* ed. e trad. por James Strachey (Londres: Hogart Press and Institute of Psychoanalysis, 1958), p. 152. [E. S. B. *Recordar, repetir e elaborar (Novas recomendações sobre a técnica da psicanálise).* Rio de Janeiro, Imago. v. 12 (N. da T.)]

2. Freud, "The Dynamics of Transference", *Standard Edition*, 12:108. [E. S. B. *A dinâmica da transferência,* Rio de Janeiro, Imago. v. 12 (N. da T.)]
3. D. W. Winnicott, *Playing and Reality* (Londres e Nova Iorque: Routledge, 1971). [E. S. B.: O *brincar e a realidade.* Rio de Janeiro, Imago, 1975. (N. da T.)]
4. Freud, "On the Universal Tendency to Debasement in the Sphere of Love", *Standard Edition,* 11: 188-89. [E.S.B. *Sobre a tendência universal à depreciação na esfera do amor (Contribuições à psicologia do amor).* Rio de Janeiro, Imago. v. 11 (N. da T.)]
5. Freud, *Civilization and Its Discontents, Standard Edition,* 21:76. [E.S.B. *ibid.* (N. da T.)]
6. Michael Eigen, "The Area of Faith in Winnicott, Lacan and Bion", *International Journal of Psycho-Analysis* 62 (1981): 422.
7. D. W. Winnicott, "Communicating and Not Communicating Leading to a Study of Certain Opposites", in *The Maturational Processes and the Facilitating Environment* (Nova Iorque: International Universities Press, 1965), p. 187. [E.S.B.: O *ambiente e os processos de maturação.* Porto Alegre, Artes Médicas, 1990. (N. da T.)]
8. Ibid., p. 186.
9. Ver Lewis Aron, "Working through the Past – Working toward the Future", *Contemporary Psychoanalysis* 21 (1991): 87-88.
10. Ver Peter Matthiessen, *Nine-Headed Dragon River: Zen Journal 1969-1982* (Boston: Shambhala, 1987), p. 192.
11. W. R. Bion, *Attention and Interpretation* (Nova Iorque: Basic Books, 1970), p. 105. [E. S. B.: *Atenção e Interpretação.* Rio de Janeiro, Imago, 1973. (N. da T.)]

CAPÍTULO II. HUMILHAÇÃO: A PRIMEIRA VERDADE DE BUDA

1. Narada Maha Thera, *The Buddha and His Teachings* (Colombo, Sri Lanka: Vajirarama, 1973), p. 62.
2. Compilado de ibid., pp. 89-90; e Nyanatiloka, *The Word of the Buddha,* 14 ed. (Kandy, Sri Lanka: Buddhist Publication Society, 1968).
3. Lucien Stryck, *World of the Buddha* (Nova Iorque: Grove Weidenfeld, 1968), pp. 52-53.

4. Sigmund Freud, "Beyond the Pleasure Principle", *Standard Edition of the Complete Psychological Works of Sigmund Freud,* ed. e trad. por James Strachey (Londres: Hogarth Press and Institute of Psychoanalysis. 1955). v. 18, pp. 20-21. [E. S. B.: *Além do princípio do prazer.* Rio de Janeiro, Imago. v. 18 (N. da T.)]
5. Janine Chasseguer-Smirgel e Bela Grunberger, *Freud or Reich? Psychoanalysis and Illusion* (New Haven, Conn.: Yale University Press, 1986), pp. 130.
6. Wilhelm Reich, *Character Analysis* (Nova Iorque Orgone Institute Press, 1949). 3 ed. p. 213. [E. B.: *Análise do caráter.* São Paulo, Martins Fontes. (N. da T.)]
7. Otto Rank, "The Genesis of the Object Relation". *In: The Psychoanalytic Vocation: Rank, Winnicott, and the Legacy of Freud,* ed. por Peter Rudnytsky (New Haven, Conn.: Yale University Press, 1991), p. 173.
8. Otto Rank, *Will Therapy,* trad. por J. Taft. (1929-1931; reedição: Nova Iorque: Norton, 1978), p. 124.
9. Adam Phillips, *Winnicott* (Cambridge, Mass.: Harvard University Press, 1988), p. 81
10. Ibid., p. 134.
11. D. W. Winnicott, "Ego Distortion in Terms of True and False Self". *In: The Maturational Processes and the Facilitating Environment* (Nova Iorque International Universities Press, 1965), p. 145. [E. S. B.: *O ambiente e os processos de maturação.* Porto Alegre, Artes Médicas, 1990. (N. da T.)]
12. Freud, "On Narcissism: An Introduction", *Standard Edition, 14:116.*
13. Richard De Martino, "The Human Situation and Zen Buddhism". *In: Zen Buddhism and Psychoanalysis,* ed. por Erich Fromm, D. T. Suzuki e Richard De Martino (Nova Iorque: Harper & Row, 1960), p. 146.
14. Stephen Batchelor, *The Faith to Doubt: Glimpses of Buddhist Uncertainty* (Berkeley, Calif.: Parallax Press, 1990), p. 83.

CAPÍTULO III. ÂNSIA:
A SEGUNDA VERDADE DE BUDA

1. Sigmund Freud, "Formulations on the Two Principles of Mental Functioning", *Standard Edition of the Complete Psychological Works of Sigmund Freud,* ed. e trad. por James Strachey (Londres: Hogarth Press e Institute of Psychoanalysis, 1958), v. 12, p. 219.

2. Ver T. R. V. Murti, *The Central Philosophy of Buddhism: A Study of the Madhyamika System* (Londres: Unwin Hyman, 1955), p. 3.
3. Do Sutta 63 do Majjhima-nikaya. Citado em Lucien Stryck, *World of the Buddha* (Nova Iorque: Grove Weidenfeld, 1968), p. 147.
4. Ananda K. Coomaraswamy e I. B. Horner, *The Living Thoughts of Gotama the Buddha* (Londres: Cassell, 1948), p. 149.
5. Alice Miller, *The Drama of the Gifted Child: The Search for the True Self,* trad. por Ruth Ward (Nova Iorque: Basic Books, 1994), p. 39.
6. Adam Phillips, *On Kissing, Tickling, and Being Bored* (Cambridge, Mass.: Harvard University Press, 1993), p. 76.
7. Daisetz Teitaro Suzuki, trad. de *The Lankavatara Sutra: A Mahayana Text* (Boulder, Colo: Prajna Press, 1978), p.159.
8. D. W Winnicott, "Ego Distortion in Terms of True and False Self". *In: The Maturational Processes and the Facilitating Environment* (Nova Iorque: International Universities Press, 1965), p. 148. [E. S. B. *ibid.*]
9. Christopher Bollas, *Forces of Destiny: Psychoanalisys and Human Idiom* (Londres: Free Association Books, 1989), p. 21.
10. Hans Waldenfels, *Absolute Nothingness: Foundations for a Buddhist – Christian Dialogue,* trad, por J. W Heisig (Nova Iorque: Paulist Press, 1976), p. 68.

CAPÍTULO IV. LIBERTAÇÃO: A TERCEIRA VERDADE DE BUDA

1. Joseph Goldstein e Jack Kornfield, *Seeking the Heart of Wisdom: The Path of Insight Meditation* (Boston: Shambhala, 1987), p. 83.
2. Nyanatiloka, trad. de *The Word of the Buddha* (Kandy, Sri Lanka: Buddhist Publication Society, 1971), p. 38.
3. Sigmund Freud, "Five Lectures on Psycho-Analysis", *Standard Edition of the Complete Psychological Works of Sigmund Freud,* ed. e trad. por James Strachey (Londres: Hogarth Press and Institute of Psychoanalisis, 1957), pp. 53-54. [E.S.B.: *Cinco lições de psicanálise.* Rio de Janeiro, Imago. v. 11 (N. da T.)]
4. Freud, "Leonardo da Vinci and a Memory of His Childhood", Standard Edition, 11:74-75. [E.S.B.: *Leonardo da Vinci e uma lembrança da sua infância.* Rio de Janeiro, Imago. v. 11 (N. da T.)]

5. Este episódio também é contado por Stephen Levine em *Who Dies?* (Nova Iorque: Doubledayj Anchor Books, 1982), pp. 98-99.
6. Freud, "Civilization and Its Discontents", *Standard Edition*; 21:68. [E. S. B. *ibid.*]
7. Hans Loewald, *Sublimation: Inquiries into Theoretical Psychoanalysis* (New Haven, Conn.: Yale University Press, 1988), p. 13.
8. Lucien Stryck, *World of the Buddha* (Nova Iorque: Grove Weidenfeld, 1968), p. 271.
9. Ver, por exemplo, Roy Schafer, *A New Language for Psychoanalysis* (New Haven, Conn.: Yale University Press, 1976), pp. 155-78.
10. Janine Chasseguet-Smirgel, *The Ego Ideal: A Psychoanalytic Essay on the Malady of the Ideal,* trad. por Paul Barrows (Nova Iorque: Norton, 1985), p.56.
11. Richard B. Clarke, trad. de *Verses on the Faith Mind* (Fredonia, N.Y.: White Pine Press, 1984), p. 155.
12. Philip Yampolsky, trad. de *The Platform Sutra of the Sixth Patriarch* (Nova Iorque: Columbia University Press, 1967), p. 193.

CAPÍTULO V. ERGUER-SE EM LUGAR NENHUM: A QUARTA VERDADE DE BUDA

1. Thomas Merton, *Mystics and Zen Masters* (Nova Iorque: Dell, 1961), pp. 18-19.
2. Walpola Rahula, *What the Buddha Taught* (Nova Iorque: Grove Press, 1974), p.45.
3. Annie Reich, *"Narcissistic Object Choise in Women"*, *Journal of the American Psychoanalytic Association* 1 (1953): 22-44.
4. Sua Santidade Tenzin Gyatso, *Kindness, Clarity, and Insight,* trad. e ed. por Jeffrey Hopkins (Ithaca, N.Y.: Snow Lion, 1984), p. 40.
5. Robert A. E Thurman, *Tsong Khapa's Speech of Gold in the Essence of True Eloquence: Reason and Enlightenment in the Central Philosophy of Tibet* (Princeton, N.J.: Princeton University Press, 1984), p. 68.
6. Herbert V. Guenther, *Philosophy and Psychology in the Abhidharma* (Berkeley, Calif.: Shambhala, 1974), p. 207.
7. Kalu Rinpoche, *The Dharma That Illuminates All Beings Impartially Like the Light of the Sun and the Moon* (Albany: State University of New York Press, 1986), p. 111.

8. Richard B. Clarke, trad. de *Verses on the Faith Mind* (Fredonia, N.Y.: White Pine Press, 1984), pp. 148-51.

SEGUNDA PARTE: MEDITAÇÃO

1. Ananda K. Coomaraswamy e L B. Horner, *The Living Thoughts of the Gotama Buddha* (Londres: Cassel, 1948), pp. 184-85.
2. Nyanaponika Thera, *The Vision of Dhamma: Buddhist Writings of Nyanaponika Thera,* ed. por Bhikkhu Bodhi (York Beach, Maine: Samuel Weiser, 1986), p.33.
3. Sigmund Freud, "Civilization and Its Discontents", *Standard Edition of the Complete Psychological Works of Sigmund Freud;* ed. e trad. por James Strachey (Londres: Hogarth Press e Institute of Psychoanalysis, 1966), v. 21, pp. 72-73. [E. S. B. *ibid.*]

CAPÍTULO VI. ATENÇÃO SIMPLES

1. Nyanaponika Thera, *The Heart of Buddhist Meditation* (Nova Iorque: Samuel Weiser, 1962), p. 30.
2. Joseph Goldstein, *The Experience of Insight: A Natural Unfolding* (Santa Cruz, Calif.: Unity Press, 1976), p. 20.
3. Ver, por exemplo, meus artigos sobre o assunto: "On the Neglect of Evenly Suspended Attention", *Journal of Transpersonal Psychology* 16 (1984): 193-205, e "Attention in Analysis", *Psychoanalysis and Contemporary Thought* 11 (1988): 171-89. Ver também Sigmund Freud, "Recommendations to Physicians Practicing Psycho-Analysis", *Standard Edition of the Complete Psychological Works of Sigmund Freud,* ed. e trad. por James Strachey (Londres: Hogarth Press e Institute of Psychoanalysis, 1958), v. 12, pp. 111-12; e Freud, "Two Encyclopedia Articles", *Standard Edition,* 18:235-62. [E.S.B.: *Recomendações aos médicos que exercem a psicanálise.* Rio de Janeiro, Imago. v. 12 (N. da T.)]
4. Sigmund Freud, "Analysis of a Phobia in a Five-Year-Old Boy", *Standard Edition,* 10:23. [E.S.B.: *Análise de uma fobia em um menino de cinco anos.* Rio de Janeiro, Imago. v. 10. (N. da T.)]

5. Freud, "Recommendations to Physicians Practicing Psychoanalysis", *Standard Edition,* 12:111-12. [E.S.B. *ibid.*]
6. D. W Winnicott, "The Capacity to Be Alone". *In: The Maturational Processes and the Facilitating Environment* (Nova Iorque: International Universities Press, 1965), pp. 29-37. [E. S. B. *ibid.*]
7. Wes Nisker, "John Cage and the Music of Sound", *Inquiring Mind* 3, n. 2 (1986): 4.
8. D. W. Winnicott, "Birth Memories, Birth Trauma, and Anxiety". *In: Collected Papers: Through Paediatrics to Psycho-Analysis* (Nova Iorque: Basic Books, 1958), pp. 183-84.
9. Michael Eigen, "Stones in a Stream", *Psychoanalytic Review* (em fase de impressão).
10. D. W Winnicott, "Transitional Objects and Transitional Phenomena". *In: Playing and Reality* (Londres: Routledge, 1971), p. 14.
11. Shunryu Suzuki, *Zen Mind, Beginner's Mind* (Nova Iorque: Weatherhill, 1970), pp. 36-37.

CAPÍTULO VII. A PSICODINÂMICA DA MEDITAÇÃO

1. Bhadantacariya Buddhaghosa, *Visuddhimagga* (Path of purification), trad. por Bhikkhu Nyanamoli (Berkeley, Calif.: Shambhala, 1976), v. 1, pp. 149-50.
2. Bhadantacariya Buddhaghosa, *Visuddhimagga* (Path of purification), trad. por Bhikkhu Nyanamoli, (Berkeley, Calif.: Shambhala, 1976), v. 2 p.753.
3. Daniel Brown e Jack Engler, "The States of Mindfulness Meditation: A Validation Study". *In: Transformations of Conciousness: Conventional and Contemplative Perspectives on Development;* ed. por Ken Wilber, Jack Engler e Daniel Brown (Boston: New Science Library, 1986), p. 189.
4. Stephen A. Mitchell: *Hope and Dread in Psychoanalysis* (Nova Iorque: Basic Books, 1993), p. 101.
5. Daniel Goleman, *The Meditative Mind: The Varieties of Meditative Experience* (Los Angeles: Tarcher, 1988).
6. Jack Kornfield, *A Path with Heart: A Guide through the Perils and Promises of Spiritual Life* (Nova Yorque: Bantam, 1993), pp. 108-10.
7. Nyanaponika Thera, *The Heart of Buddhist Meditation* (Nova Yorque: Samuel Weiser, 1962), pp. 144-45.

8. Mitchell, *Hope and Dread,* p. 149.
9. Marion Milner, *The Suppressed Madness of Sane Men: Forty-four Years of Exploring Psychoanalysis* (Londres: Tavistock, 1987), pp. 260-61.
10. Michael Eigen, "Breathing and Identity". *In: The Electrified Tightrope,* ed. por Adam Phillips (Northvale, N.J.: Jason Aronson, 1993), p. 46.
11. Joseph Goldstein, em conversa pessoal com o autor em fevereiro de 1994.
12. Ver Emmanuel Ghent, "Masochism, Submission, Surrender: Masochism as a Perversion of Surrender", *Contemporary Psychoanalysis* 26 (1990): 108-36.
13. Jessica Benjamin, *The Bonds of Love* (Nova Iorque: Pantheon, 1988), p. 129.
14. Mitchell, *Hope and Dread,* p. 31.
15. Harry Stack Sullivan, "The Data of Psychiatry". *In: Clinical Studies in Psychiatry,* ed. por Helen Swick Perry, Mary Ladd Gawel e Martha Gibbon (Nova Iorque: Norton, 1956), p. 33.
16. Jacques Lacan, *Ecrits: A Selection,* trad. por Alan Sheridan (Nova Iorque: Norton, 1966), p. 2.
17. Ver Roy Schafer, *A New Language for Psychoanalysis* (New Haven, Conn., Yale University Press, 1976).
18. Robert A. E Thurman, *Tsong Khapa's Speech of Gold in the Essence of True Eloquence: Reason and Enlightenment in the Central Philosophy of Tibet* (Princeton, N. J.: Princeton University Press, 1984), p. 131.
19. John Blofeld, *The Zen Teaching of Huang Po: On the Transmission of Mind* (Nova Iorque: Grove Press, 1958), p. 86.
20. Sigmund Freud, "Analysis Terminable and Interminable", *Standard Edition of the Complete Psychological Works of Sigmund Freud,* ed. e trad. por James Strachey (Londres: Hogarth Press e Institute of Psychoanalysis, 1945), v. 23, p. 235. [E.S.B. *ibid.*]

TERCEIRA PARTE: TERAPIA

1. Joseph Goldstein e Jack Kornfield, *Seeking the Heart of Wisdom: The Path of Insight Meditation* (Boston: Shambhala, 1987), p. 95.
2. D. W. Winnicott, "The Location of Cultural Experience". *In: Playing and Reality* (Londres: Routledge, 1971), p. 100.

3. Sigmund Freud, "Analysis Terminable and Interminable", *Standard Edition of the Complete Psychological Works of Sigmund Freud,* ed. e trad. por James Strachey (Londres, Hogarth Press e Institute of Psychoanalysis, 1964), V. 23, p. 235. [E.S.B.: *ibid*]
4. Josef Breuer e Sigmund Freud, "Studies on Hysteria", *Standard Edition,* 2:305.

CAPÍTULO VIII. RECORDAR

1. Sigmund Freud, "Remembering, Repeating and Working-Through", *Standard Edition of the Complete Psychological Works of Sigmund Freud,* ed. e trad. por James Strachey (Londres: Hogarth Press e Institute of Psychoanalysis, 1958), v. 12, p. 147. [E.S.B.: *Repetir; recordar e elaborar.* Rio de Janeiro, Imago. v. 12. (N. da T.)]
2. D. W. Winnicott, "Fear of Breakdown", *International Review of Psycho--Analysis* 1 (1974): 106.
3. Freud, "Remembering, Repeating and Working-Through", *Standard Edition,* 12:149. [E.S.B. *ibid*]
4. Bhadantacariya Buddhaghosa, *Visuddhimagga* (Path of purification), trad. por Bhikkhu Nyanamoli (Berkeleg Calif.: Shambhala, 1976), v. 2, p. 524.
5. Freud, "Remembering, Repeating and Working-Through", *Standard Edition,* 12:147. [E.S.B.: *ibid.*]
6. Michael Balint, *The Basic Fault: Therapeutic Aspects of Regression* (Londres: Tavistock, 1968), p. 21.
7. Isadore From, em conversa pessoal com o autor, 1990.
8. Carl Jung, "Yoga and the West". *In: Psychology and Religion: West and East, The Collected Works of C. G. Jung,* trad. por R. E C. Hull, Bollingen Series, n. 20 (Nova Iorque: Pantheon, 1958), vol, 11, p. 537. [E. S. B.: *Psicologia e Religião.* Petrópolis, Vozes, 1978. (N. da T.)]
9. Buddhaghosa, *Visuddhimagga,* p. 1.

CAPÍTULO IX. REPETIR

1. Sigmund Freud, "Remembering, Repeating and Working-Through", *Standard. Edition of the Complete Psychological Works of Sigmund Freud,* ed. e trad. por Jamies Strachey (Londres: Hogarth Press e Institute of Psycho-

analysis, 1958), V. 12, p. 150. [E.S.B.: *Repetir; recordar e elaborar.* Rio de Janeiro, Imago. v. 12. (N. da T.)]
2. sGam.po.pa, *The Jewel Ornament of Liberation,* trad. por Herbert V. Guenther (Berkeley, Calif.: Shambhala, 1971), pp. 216-17.
3. W. R. Bion, *Attention and Interpretation* (Nova Iorque: Basics Books, 1970), p. 42. [E. S. B.: *Atenção e interpretação.* Rio de janeiro, Imago, 1973. (N. da T.)]
4. Janine Chasseguet-Smirgel, "The Femininity of the Analyst in Professional Practice", *International Journal of Psycho-Analysis* 65 (1984): 171.
5. Sandor Ferenczi, "The Elasticity of Psycho-Analytic Technique" *In: Final Contributions to the Problems and Methods of Psycho-Analysis* (Nova Iorque: Basic Books, 1955), p. 98.
6. Otto Fenichel, *Problems of Psychoanalytic Technique* (Nova Iorque, Psychoanalytic Quarterly, 1941), p. 5
7. Charlotte Joko Beck, *Everyday Zen: Love and Work,* ed. por Steve Smith (San Francisco: Harper San Francisco, 1989), p. 71. Grifo do autor.
8. Marsha M. Linehan, observação feita em um dos debates do fórum: "The Buddha Meets the West: Integrating Eastern Psychology and Western Psychotherapy" (fórum de debates da conferência anual da *Society for Exploration of Psychoterapy Integration,* realizado no mês de abril de 1988, em Cambridge, Massachusetts).
9. Hans Loewald, "On the Therapeutic Action of Psychoanalysis", *International Journal of Psycho-Analysis* 58 (1960): 29.
10. Michael Balint, *The Basic Fault: Therapeutic Aspects of Regression* (Londres: Tavistock, 1968), p. 183.
11. Freud, "Remembering, Repeating", p. 154.

CAPÍTULO X. ELABORAR

1. Sigmund Freud, "Remembering, Repeating and Working-Through", *Standard Edition of the Complete Psychologicall Works of Sigmund Freud,* ed. e trad. por James Strachey (Londres: Hogarth Press e Institute of Psychoanalysis, 1958), v. 12, p. 155. [E.S.B. *ibid.*]
2. *Ibid.,* pág 151.
3. Freud, "Beyond the Pleasure Principle", *Standard Edition, 18:20-21.* [E.S.B. *ibid*]

4. Adam Phillips, *Winnicott* (Cambridge, Mass.: Harvard University Press, 1988), p. 80.
5. Lewis Aron, "Working through the Past – Working toward the Future", *Contemporary Psychoanalysis* 27 (1991): 81-109.
6. Robert Thurman, "What Does Being a Buddhist Mean to You? Re: When You Speak of Letting Go of the Ego, What Is the 'Ego' That You Are Talking About Letting Go Of?" *Tricycle: The Buddhist Review* 3, n. 1 (1993): 28.
7. Otto Fenichel, *The Psychoanalytic Theory of Neurosis* (Nova Iorque: Norton, 1945), p. 92.
8. Sigmund Freud, "New Introductory Lectures on Psycho-Analysis", *Standard Edition*, 22:95.
9. Ver Aron, "Working through the Past".
10. Erich Fromm, "Psychoanalysis and Zen Buddhism". *In: Zen Buddhism and Psychoanalysis,* ed. por Erich Fromm, D. T. Suzuki e Richard De Martino (Nova Iorque: Harper & Row, 1960), p 86.

Este livro foi diagramado utilizando a fonte Times New Roman
e impresso pela Gráfica Vozes em papel pólen soft 80 g/m²
e a capa em papel cartão supremo 250 g/m².